Gabriele Jakoby

Optimierte Arbeitsverteilung in Versicherungsunternehmen

Gabriele Jakoby

Optimierte Arbeitsverteilung in Versicherungsunternehmen

Methoden der Allokationsbildung

Bibliografische Information der Deutschen Nationalbibliothek
Die Deutsche Nationalbibliothek verzeichnet diese Publikation in der
Deutschen Nationalbibliografie; detaillierte bibliografische Daten sind im Internet über
<http://dnb.d-nb.de> abrufbar.

1. Auflage 2010

Alle Rechte vorbehalten
© Gabler | GWV Fachverlage GmbH, Wiesbaden 2010

Lektorat: Guido Notthoff

Gabler ist Teil der Fachverlagsgruppe Springer Science+Business Media.
www.gabler.de

Das Werk einschließlich aller seiner Teile ist urheberrechtlich geschützt. Jede Verwertung außerhalb der engen Grenzen des Urheberrechtsgesetzes ist ohne Zustimmung des Verlags unzulässig und strafbar. Das gilt insbesondere für Vervielfältigungen, Übersetzungen, Mikroverfilmungen und die Einspeicherung und Verarbeitung in elektronischen Systemen.

Die Wiedergabe von Gebrauchsnamen, Handelsnamen, Warenbezeichnungen usw. in diesem Werk berechtigt auch ohne besondere Kennzeichnung nicht zu der Annahme, dass solche Namen im Sinne der Warenzeichen- und Markenschutz-Gesetzgebung als frei zu betrachten wären und daher von jedermann benutzt werden dürften.

Umschlaggestaltung: KünkelLopka Medienentwicklung, Heidelberg

Gedruckt auf säurefreiem und chlorfrei gebleichtem Papier

ISBN 978-3-8349-1952-6

Vorwort

Wenn Sie sich die folgenden Fragen stellen, sollten Sie dieses Buch weiterlesen:

1. Passt meine Organisationsstruktur zur Unternehmensstrategie?
2. Sind die Unternehmensbereiche entlang ihrer strategischen Bedeutung organisiert?
3. Wie können Organisationsmodelle bewertet werden, um zu einer optimalen, nachvollziehbaren Entscheidung zu gelangen?
4. Welche Methoden zur Entwicklung von Organisationsmodellen und Modellen zur Arbeitszuteilung sollten optimalerweise verwendet werden?

Alle diese Fragestellungen zielen ins Zentrum der industriellen Exzellenz von Versicherungsunternehmen. Im Rahmen meiner langjährigen Beratungspraxis im Versicherungsumfeld habe ich festgestellt, dass fast alle grundlegenden Änderungsinitiativen diese Fragen beinhalteten und dass in den meisten Fällen dort eine gute konzeptionelle Basis für die Projektarbeit der Erfolgsfaktor schlechthin war. Diese Basis werden Sie hier finden und hoffentlich auch in Ihrem praktischen Umfeld zur Anwendung führen können.

Die Motivation, dieses Buch zu verfassen ergab sich für mich aus einem tiefen Interesse an einer fortlaufenden Beschäftigung mit dem Thema Arbeitsorganisation, welches ich auch außerhalb eines konkreten Projektes verfolge und weiter erforschen möchte.

Meinen besonderen Dank möchte ich an alle meine Kunden und Gesprächspartner richten, die mir halfen über die vielen Jahre hinweg die Erfahrungen und Bewährungsproben zu erleben, die eine gereiftere Sicht auf ein Thema erst ermöglichen.

Meinem Ehemann Thomas Jakoby gilt mein Dank für die wertvollen fachlichen Diskussionen und das geduldige und kritische Korrekturlesen des vorliegenden Buches.

Allen Lesern wünsche ich, dass Ihre Vorhaben gelingen und sich auch mit Hilfe dieses Buches nachhaltig positiv auf den Unternehmenserfolg auswirken.

Dr. Gabriele Jakoby   Eitorf, im Dezember 2009

Inhaltsverzeichnis

Vorwort 5
Inhaltsverzeichnis 7
1. Einleitung 9
   1.1 Einleitung ins Thema 9
   1.2 Inhalt und Fokus 12
2. Einführung in den Begriff Allokation 13
3. Fachliche Grundlagen zur Allokationsbildung 16
   3.1 Prinzip „Industrialisierung" im Versicherungsunternehmen ... 16
   3.2 Konstruktionsprinzipien 19
   3.3 Komplexitätsbetrachtung 23
4. Bildung von Allokationsmodellen 31
   4.1 Überblick über die Methodik 31
   4.2 Beschreibung der einzelnen Arbeitsschritte 32
       4.2.1 Strategie als Grundlage 32
            4.2.1.1 Strategische Kenngrößen als Zielgebung 35
            4.2.1.2 Erarbeitung der Konstruktionsprinzipien und
                      Rahmenbedingungen 36
       4.2.2 Festlegung der Verteilungsregeln 38
       4.2.3 Aufbau des organisatorischen Entwurfs (Blue Print) ... 40
       4.2.4 Bewertung der Entwürfe 45
   4.3 Zusammenfassung der erreichten Ergebnisse
       der Allokationsbildung 47
5. Verschiedene Allokationsmodelle 49
   5.1 Vorbemerkungen 49
   5.2 Allokationsbildung nach Studienfällen 49
       5.2.1 Fall 1 - Neugeschäftsboom 49
            5.2.1.1 Strategische Klärung 49
            5.2.1.2 Festlegung Konstruktionsprinzipien
                      und Begrenzungen 54
            5.2.1.3 Erarbeitung der Verteilungsregeln Fall 1
                      Neugeschäftsboom 60
            5.2.1.4 Blue Print für Fall 1 Neugeschäftsboom 66
       5.2.2 Fall 2 - Schaden Exzellenz 69
       5.2.3 Fall 3 - Kostensenkung Betrieb 74

6. Stärken-/Schwächenbewertung der Modelle 80
   6.1 Vorbemerkungen 80
   6.2 Verwendetes Bewertungsraster zum Vergleich der Allokationsmodelle 80
   6.3 Bewertungsmatrizen 81
7. Industrialisierung in Versicherungsunternehmen 84
   7.1 Management einer Versicherungsfabrik 84
   7.2 Industrialisierung einer komplexitätsgesteuerten Kundendienst- und Betriebsstelle 86
   7.3 Technologiekonzepte zur Industrialisierung 92
      7.3.1 Überblick 92
      7.3.2 Workflow Management / BPM 96
          7.3.2.1 Workflow Management im Versicherungsunternehmen 96
          7.3.2.2 Ziele für ein WfMS 98
          7.3.2.3 Anforderungen an ein WfMS 99

Die Autorin 102

Stichwortverzeichnis 103

1. Einleitung

1.1 Einleitung ins Thema

Die Frage nach optimaler Zuteilung von Arbeit zu dem geeigneten Bearbeiter war zu allen Zeiten aktuell. In vergangenen Kulturen mit keiner oder wenig Automatisierungsmöglichkeit und einem generell äußerst geringen Ausbildungsgrad waren die Varianten zur Optimierung der Arbeitszuteilung eher gering. Hier wurde durch eine entsprechend hohe Anzahl ungelernter Arbeitskräfte, die ihre Leistung für wenig oder gar keine Entlohnung zur Verfügung stellen mussten, eher durch das Massenprinzip gesteuert und nicht durch das Qualifikationsprinzip.

Die wirklich qualifizierten Personen waren in deutlicher Unterzahl gegenüber dem nicht qualifizierten Personal und die für die höheren Qualifikationsstufen praktizierte Arbeitsverteilung entsprach demzufolge eher dem „Glorifizierungsprinzip", das heißt, hier wurde eher personalisiert verteilt, als nach feineren Kriterien zugesteuert.

Die Automatisierungsmöglichkeit durch die technische Entwicklung insbesondere der letzten 150 Jahre sowie der stark angestiegene Bildungsgrad der Durchschnittsbevölkerung ergab und ergibt eine große Reihe von Alternativmöglichkeiten, wie Arbeit effizient und effektiv verteilt werden kann, auch bei großen Massenvorgängen und gleichgerichteter Arbeitsweise.

Auch die zunehmende Dienstleistungsorientierung der Industriegesellschaften ist Grund für die Erkenntnis, dass weder das Massenprinzip noch die Einzelfertigung eine befriedigende Lösung für alle Standardgeschäftsprozesse sein können. Die Art der aktuell vorhandenen Arbeit in einem Dienstleistungsunternehmen erfordert eine immer wieder neu zu bewertende Gewichtung zwischen zum Beispiel Quantität und Qualität der Anforderungen und deren Kostengesichtspunkten.

In diesem Umfeld müssen Unternehmen heute ihre ganz individuelle Lösung finden, die sich von überkommenen Strukturen löst, ohne risikoreiche Umstrukturierungen vorzunehmen, deren Methodik zuwenig konzeptionelle Sicherheit beinhaltet.

Versuche, sich dem Thema „Optimierung der Arbeitszuteilung" zu nähern, werden oft mit der generellen Optimierung der Arbeitsausführung (Prozesse) verbunden. Diese zunächst scheinbar sehr nahe liegende Herangehensweise führt leider oft zu einer Vernachlässigung der Frage, **wer**[1] denn eigentlich über die

---

[1] Im Sinne einer Stellenbeschreibung nicht einer Person.

passende Qualifikationen verfügt, um ggf. auch nur Teile der Prozesskette am besten bearbeiten zu können[2].

Dieses Buch dient dem Zweck, hier eine geschärfte Sicht auf die Frage der Arbeitszuteilung zu schaffen, die dann als ein wichtiger Baustein für jedwede Umorganisation innerhalb eines Dienstleistungsunternehmens der Versicherungswirtschaft dienen soll.

Viele Fragen aus aktuellen Diskussionen rund um die Unternehmensführung haben Berührungspunkte mit unserem Thema. Dies auch unter dem Aspekt, dass sich Optimierungsbemühungen in der Leistungserbringung eines Unternehmens mit immer kürzeren Lebenszyklen konfrontiert sehen und immer neue Methoden und Herangehensweisen entwickelt werden. Deshalb ist es wichtig, deutlich die Koppelung der strategischen Gesamtsicht eines Unternehmens in Hinblick auf die zu verändernden Bereiche mit der Veränderung der Arbeitsverteilung sicherzustellen. Getreu dem Zitat:

„Ich bin überzeugt, dass eine Organisation, die sich den Herausforderungen einer sich wandelnden Welt stellen will, bereit sein muss, auf ihrem Weg durch das Leben eines Unternehmens alles an sich selbst in Frage zu stellen - mit Ausnahme ihrer Grundüberzeugungen."

Thomas J. Watson jun. (*1914), amerik. Topmanager, Konzernchef IBM a.D. u. Diplomat

Versicherungsunternehmen sehen sich immer stärker und in kürzeren Abständen - im Zuge von Änderungen der Marktbedingungen, strategischen Neuausrichtungen sowie auf Grund von Unternehmenszusammenschlüssen - der Notwendigkeit zur Anpassung Ihrer Arbeitsorganisation ausgesetzt. Diese Veränderungen können sich sowohl auf das gesamte Unternehmen erstrecken als auch auf einzelne Unternehmensbereiche.

Die Anpassung der Arbeitsorganisation betrifft im Kern oft die Arbeitsverteilungsregeln und die Art der Arbeitszuweisungen, also Änderung an der Allokation.

Ursachen für den Anpassungsbedarf sind insbesondere

- Sättigungsgrad vieler Versicherungssparten
- Qualitäts- und preisbewusste Kunden
- Konkurrenz durch neue Marktteilnehmer und Vertriebskanäle
- Rechtliche Veränderungen VVG, EU- Vermittler, Solvency II,...
- Reduzierte Produktzyklen und Markteinführungszeiten

---

[2] Auch eine Überqualifizierung erzeugt unnötige Kosten und schafft Unzufriedenheit bei den betroffenen Mitarbeitern.

Häufig treten Änderungen der Arbeitsorganisation auch als Folge von Maßnahmen zur Produktivitätssteigerung und Kostensenkung auf. Im Bereich der Betriebskosten stellt die Industrialisierung von Prozessen ein großes Potenzial hierfür dar.

Mit dem Begriff „Industrialisierung" umfassen wir diejenigen Veränderungen, die zu einer automatisierten und standardisierten Prozess- und Organisationslandschaft führen. Hinzu kommt eine nach „Industriestandards" geführte Organisation und Unternehmensführung, die nach dem Gesichtspunkt höchster Effizienz alle Hebel der „Fabrikfertigung" nutzt.

Auch die durch die heutige Marktsituation bedingte Notwendigkeit nach ständigen Produktinnovationen stellt die Arbeitsorganisation eines Versicherungsunternehmens vor große Herausforderungen.

Wenn ein neues Versicherungsprodukt am Markt eingeführt werden soll, so ist neben den Arbeitsabläufen auch festzulegen durch welche Organisationseinheiten bzw. Dienstleister die einzelnen Arbeitsschritte erbracht werden. Darüber hinaus muss auch sichergestellt werden, dass das geplante Volumen in den betroffenen Organisationseinheiten personell und technisch abgewickelt werden kann. Hierbei sind auch Spitzenlasten zu berücksichtigen.

Bei Projekten, deren Aufgabe u.a. im Design und der Umsetzung einer neuen Arbeitszuteilung besteht, ist häufig zu beobachten, dass hier die erforderliche Methode komplett fehlt, bzw. die hohe Komplexität der Aufgabe total unterschätzt wird. Häufige Fehler, die sich aus dem Fehlen einer geeigneten Methode ergeben sind zum Beispiel:

- Fehlende Verbindung zur strategischen Ausrichtung
- Zu eng begrenzte Modellansätze
- Fehlende Messbarkeit der Gestaltungsmerkmale der Modelle
- Vermischung von Rahmenbedingungen mit Gestaltungsmerkmalen

Ein Scheitern oder eine Verfehlung der Ziele solcher Projekte ist aber für viele Unternehmen mit erheblichen, auch finanziellen, Belastungen verbunden. Abschließend dazu das folgende Zitat:

„Die wertvollsten Einsichten werden am spätesten gefunden, aber die wertvollsten Einsichten sind die Methoden"

Friedrich Wilhelm Nietzsche (15.10.1844 - 25.08.1900)

1.2 Inhalt und Fokus

Abgrenzung fachlicher Fokus und Inhaltstiefe

Dieses Buch fokussiert auf die Darstellung der optimierten, methodischen Ansätze zur Allokationsbildung. Der fachliche Fokus liegt auf den Kundenservice- und Schadenbereichen eines Versicherers.

Der Blickwinkel der Allokationsansätze stellt sich hier stets in den Rahmen der Industrialisierungsbemühungen der gesamten Versicherungswirtschaft. Aus diesem Grunde wird hier auch ein kurzer Überblick über Grundaussagen zur Industrialisierung gegeben.

Inhalt des Buches

Im zweiten und dritten Kapitel werden zunächst die im Rahmen der Allokationsbildung verwendeten Begriffe erläutert, um eine einheitliche Begriffswelt zu schaffen.

Das vierte Kapitel erläutert in den folgenden Schritten die wesentlichen Komponenten der Allokationsbildung:

1. Strategiebildung
2. KonkreteD esignbildung
3. Festlegung der Verteilungsregeln
4. OrganisatorischerEn twurf
5. Bewertung

Kapitel 5 behandelt verschiedene Studienmodelle zur Allokationsbildung, mit Hilfe derer die Leser das methodische Wissen an konkreten Beispielen vertiefen und veranschaulichen können.

Abschließend zur vorgestellten Vorgehensweise beschäftigen wir uns im sechsten Kapitel mit Beispielen der Bewertungsmethodik. Hier wird die Frage behandelt, wie man die Lösungsszenarien der Studienfälle miteinander vergleichen kann (Stärken-/Schwächenanalyse), um die für die jeweilige Situation beste Lösung zu erreichen.

Um hier den Bogen zu den aktuellen Fragestellungen der Industrialisierung zu spannen, wird im siebten Kapitel das Management einer „Versicherungsfabrik" unter dem Allokationsschwerpunkt beleuchtet.

2. Einführung in den Begriff Allokation

Unter dem Begriff „Allokation" verstehen wir hier eine festgelegte Art der Arbeits-/Aufgabenverteilung. Immer dann, wenn eine Arbeitsorganisation festgelegt wird, die beschreibt, wie eingehende oder vorhandene Arbeit an verschiedene Personen oder organisatorische Einheiten (OE) verteilt wird, spricht man von Allokation. Dies ist zunächst sehr allgemein.

Begriffsabklärung „Allokation"

Genauer prägen wir den Begriff „Allokation" mit der folgenden, exakteren Definition:

- Die Allokation ist ein Regelwerk für die Arbeitsverteilung an definierte organisatorische Einheiten
- Es wird mit festen vorgegebenen Regeln definiert, wer an welcher Stelle welche Arbeit verrichtet
- Die Regeln der Arbeitsverteilung sind exakt, instruktiv und auf prüfbaren Fakten basierend, diese Regeln nennt man „Verteilungsregeln"
- Die Eingabewerte für die Regeln ergeben sich aus dem Geschäftsvorfall
- Die durch die Regeln beschriebene Volumenverteilung an „Arbeit" ist berechenbar

Definition Verteilungsregeln

Mit diesen Regeln ist zunächst nur der handwerkliche Rahmen beschrieben. Ein als sehr gut zu bewertendes Regelwerk der Allokation hingegen hat viele zusätzliche Anforderungen zu erfüllen.

Es ist einleuchtend, dass in einem normalen Geschäftsbetrieb ab einer gewissen Größenordnung nicht nach dem „Chaosprinzip" gearbeitet werden kann. Praktisch heißt das, dass gewisse Personen oder Personengruppen zum Beispiel aufgrund ihrer Ausbildung oder Position für bestimmte Arbeiten zuständig erklärt werden und für gewisse nicht zuständig sind. Dies ist bereits eine Allokation.

Wozu braucht man das?

Selbst die Aussage „das Team macht alles" ist ein Regelwerk der Allokation. Dieses besagt, dass jeder Vorgang in das Team geleitet wird, dort bearbeitet wird und nirgendwo anders. Wenn das Team die einzige Organisationseinheit in dem Betrieb darstellt, ist dies die einfachste Allokation, die man sich vorstellen kann.

Existiert bereits ein zweites Team im Betrieb, so kann diese Regel real nicht stimmen, es sei denn, das zweite Team hätte keinerlei Arbeit zu verrichten, welches ja illusorisch ist. Diese profane Überlegung soll lediglich den Leser zu der Erkenntnis führen, dass es immer (!) Allokation gibt, auch wenn es nur wie in dem folgenden Beispiel heißt:

1. Team 1 bearbeitet alles an schriftlichen Neueingängen
2. Team 2 bearbeitet die telefonischen Eingänge

Beispielregeln für eine einfache Allokation

Definition Allokationsmodell, Allokationsbildung

Um hier konkreter die Begrifflichkeiten auseinander halten zu können, werden vorab die folgenden Bezeichnungen festgelegt:

- Das der Allokation zugrunde liegende einzelne Modell einer Arbeitsverteilung heißt „Allokationsmodell"
- Der konzeptionelle Vorgang, der zu einem Allokationsmodell führt, heißt „Allokationsbildung"

An dem Beispiel der beiden Teams erkennt man schon die der Allokationsbildung zugrunde liegenden Qualitätskriterien, die erst ein reibungsloses Funktionieren in einem größeren Betrieb ermöglichen können: Die Regeln der Übergabe von Team 1 zu Team 2 sind im voraus so zu definieren, dass sich daraus planerisch ergibt:

1. Wie viele Personen brauche ich regelmäßig in Team 1?
2. Wie viele Personen brauche ich regelmäßig in Team 2?
3. Wer arbeitet am besten in Team 1, wer in Team 2?
4. Wie parallelisiere ich die Arbeit, damit weder in Team 1 noch in Team 2 eine Unterlast bzw. Überlast entsteht?

Schon diese einfachen Vorüberlegungen anhand einer sehr simplen Verteilung machen klar:

Die Allokationsbildung ist eine außerordentlich komplexe Aufgabe, die im Vorhinein eine Menge ebenso komplexer Vorüberlegungen erfordert, damit eine Arbeitsorganisation in der Praxis gut funktioniert.

Definition Verteilungsregeln

Ist die Verteilung der Arbeit nicht so simpel wie im beschriebenen Beispiel an der Art des Eingangs festzumachen (Telefon oder Post), so stellt sich die zentrale Frage:

Wie stelle ich sicher, dass die Arbeitsverteilung unkompliziert (automatisiert oder ggf. von angelernten Kräften) durchgeführt werden kann und eine Fehlallokation die Ausnahme darstellt?

Diese Überlegung muss bei der Definition der Verteilungsregeln beachtet werden, da hier eine hohe Chance aber auch ein hohes Risiko für eine erfolgreiche Umsetzung liegt.

Auf welche Art von Allokationsmodellen werden wir uns hier konzentrieren?

Wie bereits in der Einleitung angedeutet, werden wir uns bei den Beispielen und Erläuterungen auf die Allokation im Rahmen der *operativen Kundenservicearbeiten Betrieb und Schaden* konzentrieren.

Eine komplette, konzernübergreifende Allokation würde sich ja auch mit Fragen wie der Verteilung von IT Arbeiten (zum Beispiel Change Requests und Ad Hoc Aufgaben in der Programmierung von Bearbeitungssoftware), der zur Verfügungsstellung von Hardware-Ressourcen, der Verbuchung von Inkasso-Vorgängen etc. beschäftigen müssen. Solche Themen sind aber nicht Fokus dieses Buches, wenngleich die Methoden und Aussagen auch darauf übertragbar sind.

Wie bereits vorher ausgeführt, ist die Arbeit der Allokationsbildung der der Definition von Allokationsmodellen vorausgehende Design Prozess.

In den nächsten Kapiteln werden wir uns eingehend mit der Frage

- Wie komme ich zu einer für das Unternehmen/den Bereich optimalen Allokation?

auseinandersetzen.

Wie gestaltet man den Prozess der „Allokationsbildung"?

3. Fachliche Grundlagen zur Allokationsbildung

Vorbemerkungen Bevor wir mit der expliziten Methodik der Allokationsbildung beginnen, werden in diesem Kapitel diejenigen fachlichen Voraussetzungen geschaffen, die wir für die Allokationsbildung benötigen werden.

Themen Es werden in diesem Kapitel hintereinander die Themen:

    3.1 Industrialisierung

    3.2 Konstruktionsprinzipien

    3.3 Komplexitätsbetrachtung

behandelt.

Das erste Thema führt in die Grundgedanken der „Fabrikfertigung" ein, die einen großen Einfluss auf effiziente und effektive Arbeitsverteilungen haben. Da die Industrialisierungsbestrebungen sehr häufig mit neuen Allokationsmodellen einhergehen, haben wir dieses Thema hier aufgenommen.

Die beiden weiteren Themen sind methodische Ansätze, die wir im weiteren Verlauf benötigen und die dort nicht mehr grundlegend erklärt werden sollen.

3.1 Prinzip „Industrialisierung" im Versicherungsunternehmen

Das Ziel jeder Allokationsbildung ist die Verbesserung oder die Neudefinition von Arbeitsverteilungsprozessen idealerweise unter einem deutlich formulierten Zielaspekt.

Bei der Verbesserung von bestehenden Allokationsmodellen geht es häufig darum, Durchlauf- und Bearbeitungszeiten zu minimieren, Bearbeitungsqualität zu erhöhen, den Kundenservice zu verbessern und ähnliche Dinge.

Dabei wird der Fokus der Veränderungsinitiativen normalerweise auf diejenigen Prozessteile in der gesamten Geschäftsvorfallspalette eines Unternehmens gelegt, die eine hohe Stückzahl von gruppenweise ähnlichen Geschäftsvorfällen beinhalten. Denn nur diese Geschäftsvorgänge sind normalerweise standardisierbar und automatisierbar und sie treten in großen Mengen auf, weshalb sich häufig darauf die Kostensenkungsprogramme der heutigen Zeit konzentrieren.

Auf der anderen Seite bestehen eine Menge von hochspezialisierten oder in nur geringer Stückzahl auftretenden Einzelprozesse, die aber nur einen geringen

Anteil des Arbeitsvolumens eines beschriebenen Versicherungsunternehmens darstellen.

Man spricht hier auch von „Fabrikfertigung" im Gegensatz zu „Einzelfertigung", was uns zu dem Begriff „Industrialisierung" leitet.

Der Grundgedanke der industriellen Fertigung, der sich insbesondere im reibungslosen Ineinandergreifen von optimaler Automatisierung und dem effizienten Einsatz von menschlicher Arbeitskraft zeigt, ist in der Versicherungswirtschaft oft noch von „Flickwerk" alter technischer Lösungen und stückweisen organisatorischen Anpassungen geprägt.

Wir sehen allerdings auch die Investitionen, die die Versicherungswirtschaft und einige Dienstleister in zunehmendem Maße für die Bereitstellung von „Service-Fabriken" leisten. Da es aber meistens am möglicherweise notwendigen Investitionsvolumen sowie an der Durchsetzung von neuen Organisationsmethoden für das „Big Picture" fehlt, wird eine optimale Leistung oft nicht erreicht.

Im Rahmen der Industrialisierung sind insbesondere zunächst Fragen der Prozess- und Organisationsoptimierung von Bedeutung, um die in der Produktionspraxis angewandte „industrielle Exzellenz" zu erreichen. Dabei liegen den gesamten Überlegungen zur Prozess- und Organisationsoptimierung meistens die folgenden Ansätze zugrunde:

Ansätze zur industriellen Exzellenz

- Konsequente Kunden- und Dienstleistungsorientierung
- Konzentration auf Kernprozesse und Kerngeschäftsfelder
- Optimale Kapazitätsplanung-/auslastung (ggf. Schichtbetrieb/Hot-Seating..)
- Konzentration der Bearbeitungsstandorte (ggf. auch virtuell)
- Benchmarking zum Controlling und zur Erfolgsanalyse
- Qualitätsorientierung, Six Sigma Kultur
- Effektives und kosteneffizientes Outsourcing, wo sinnvoll
- Hartes Streamlining der Prozesse mit starker Automatisierung und Standardisierung
- Intelligentes, aktives Kostenmanagement
- Flexibilität der Prozesse und des Organisationsaufbaus, um kurzfristige Reaktionen auf Marktveränderungen darstellen zu können
- Managementexzellenz

Vorab ist anzumerken, dass die zu erreichende organisatorische Exzellenz sicher von den vorgefundenen Rahmenbedingungen, als auch vom Markt der aktuellen Produkte und Gesetzgebungen abhängt.

Insbesondere ist hier die Produktpalette des jeweiligen Versicherers bedeutsam. Dies wird klar, wenn wir hier die unterschiedlichen Anforderungen betrachten, die ein mit wenig Varianten ausgestatteter Standardvertrag wie eine PHV, KFZ oder eine Hausratversicherung stellen, verglichen mit einem großen Flottenvertrag oder der Feuerversicherung eines Großbetriebs.

In der Versicherungswirtschaft wird heute generell der Trend diskutiert und teilweise schon umgesetzt, zwecks Erreichung von Industrialisierungspotenzialen eine Organisationsveränderung in Richtung zentraler Service Center mit generalisierten als auch spezialisierten Einheiten zu vollziehen.

Geht man von der heutigen organisatorischen Landschaft der operativen Einheiten der Versicherer aus, so sind an vielen Stellen die obigen Ansätze erkennbar, aber selten in konsolidierter, zusammenhängender Form und in den allermeisten Fällen ohne entsprechende technische Unterstützung und ohne ein effektives Controlling.

Das folgende Schaubild zeigt die bestehenden Industrialisierungsschwerpunkte eines Versicherungsunternehmens.

Industrialisierungsschwerpunkte im Versicherungsunternehmen

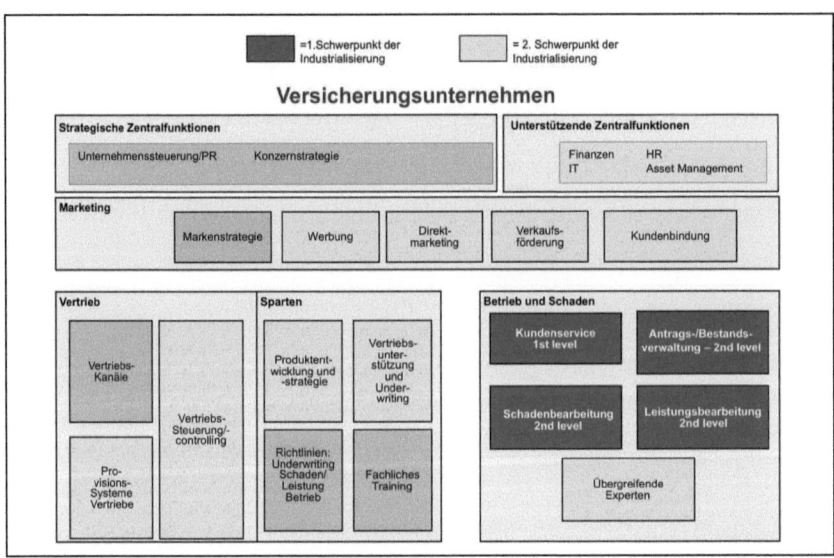

Abbildung 1: Überblick Versicherungsunternehmen

Der Betriebs- und Schadenbereich sowie die Kunden- und Vermittler-Servicestelle werden heute häufig zuerst als Kernbereich industrieller Fertigung erkannt.

Die unterstützenden Zentralfunktionen sind teilweise schon lange der Industrialisierung unterworfen (man denke zum Beispiel an den großräumigen Einsatz von Systemen zur Finanzbuchhaltung wie etwa SAP), werden aber in den Bereichen der Personalentwicklung und -organisation sowie der IT Organisation oftmals unterschätzt.

Der Bereich Marketing, insbesondere Kundenbindung/Direkt-Marketing und Verkaufsförderung fokussiert heute schwerpunktmäßig auf den Einsatz von CRM Software und deren organisatorische Einbindung. Hier sind aber noch weitere Potenziale durch den Aufbau automatisierter Schnittstellen zum Vertrieb und den Betriebsstellen zu sehen.

Geht man von einer Zielvorstellung aus, in der die Grundsätze einer industriellen Fertigung eine wesentliche Rolle spielt, so wird man auch bei der Allokationsbildung entsprechende Kriterien zugrunde legen.

Zusammenhang von Allokation und Industrialisierung

Da ja hier die grundlegende Arbeitsverteilung festgelegt wird, ist klar, dass Industrialisierung einen erheblichen Einfluss auf die Art der Allokationsbildung haben wird.

Heute ist der häufigste Grund für ein neues Allokationsmodell in der Bestrebung zu sehen, zumindest für einen Teilbereich des operativen Bereichs eine industrielle Exzellenz zu erreichen.

3.2 Konstruktionsprinzipien

In diesem Abschnitt beschäftigen wir uns vorab mit einem methodischen Ansatz, der uns im nächsten Kapitel zu einer strukturierten Allokationsbildung verhilft.

Die Methode der „Konstruktionsprinzipien" lässt sich generell in die Erarbeitungsschritte eines neuen Designs integrieren, wir werden aber hier zwecks besserer Verständlichkeit den Begriff bereits mit Erläuterungen/Beispielen aus dem Versicherungsumfeld versehen

Ein Konstruktionsprinzip besteht aus den folgenden Elementen:

Definition Konstruktionsprinzip

- Eine bei der Allokation für den betrachteten Bereich relevante[3] Eigenschaft
- Eine Skala, die den Wertebereich der Eigenschaft angibt und mehr als einen Wert enthält
- Einen Skalierungsmarker, den man auf die gewünschte Ausprägung des Merkmals stellen kann

---

3   Relevanz bedeutet hier, dass wesentliche Änderungen an der Ausprägung des Merkmals dem Grunde nach auch Änderungen in der Allokation nach sich ziehen können. Anders ausgedrückt: Bewirkt keine Änderung der Ausprägung des Merkmals eine Änderung in der Allokation, so ist das Merkmal, im Sinne der Zielsetzung irrelevant.

Darstellung eines Konstruktionsprinzips

Wir werden im Folgenden stets eine bildhafte, instruktive Darstellung der Konstruktionsprinzipien verwenden. Dazu bilden wir die Skala wie folgt ab.

Skala

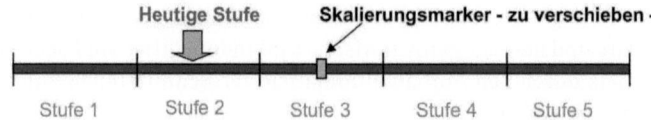

Abbildung 2: Skala des Konstruktionsprinzips

Ein Beispiel:

Beispiel für ein Konstruktionsprinzip

Unter der Eigenschaft „Wertschöpfungstiefe" verstehen wir hier, den Anteil an der gesamten Wertschöpfung eines Geschäftsbereichs oder einer Organisation, der innerhalb der Einheit selbst erbracht wird. Die intern erbrachten Leistungen werden also ins Verhältnis zu den extern hinzu gekauften Leistungen gesetzt. Diese Eigenschaft spielt vor allem bei Sourcing - Modellen eine Rolle.

- Die Wertschöpfungstiefe ist eine relevante Eigenschaft, da Änderungen der Wertschöpfungstiefe zu Änderungen in der Zuteilung führen können.
- Eine Skala könnte zum Beispiel aus den Stufen 1 bis 5 bestehen, wobei
    1. Stufe 1 bedeutet: Alles wird im Hause selbst erledigt
    2. Stufe 2 bedeutet: Einige Randprozesse werden extern ausgeführt
    3. Stufe 3 bedeutet: Ganze Prozessketten werden extern abgewickelt.
    4. Stufe 4 bedeutet: Eine weitgehende Auslagerung der nicht zum Kernbereich gehörenden Prozesse
    4. Stufe 5 bedeutet: Es verbleiben ausschließlich die unverzichtbaren Kernaktivitäten in eigener Regie

Die gewünschte Ausprägung könnte hier beispielsweise auf Stufe 3 zeigen.

Fachliche Grundlagen zur Allokationsbildung

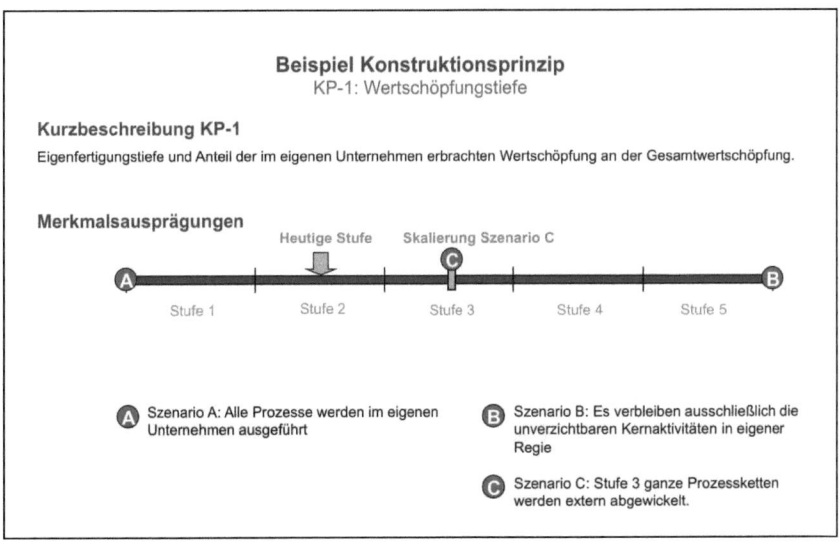

Abbildung 3: Konstruktionsprinzip „Wertschöpfungstiefe"

Wenn wir in einem Designprozess also ein Ergebnis (zum Beispiel Organisationsmodell, Sollprozesse, Vertragswerke,...) erarbeiten wollen, stellen wir zuerst die dem Design zugrunde zu legenden Konstruktionsprinzipien auf. Dazu erstellt man eine Liste von Eigenschaften, die dem Design zugrunde liegen könnten. Ein Beispiel:

Erstellung einer Liste von Eigenschaften

Beispiel: Liste der Eigenschaften

- Zentrale Bearbeitung
- Die IT- Kosten dürfen sich nicht verändern
- Vermittlerprovision

Beispiel für eine Liste von Eigenschaften, die dem Design zugrunde liegen

Jede dieser Eigenschaften wird nun daraufhin untersucht, ob es sich hier um „skalierbare und relevante Konstruktionsprinzipien" handelt, das heißt, ob die Eigenschaft tatsächlich so beschaffen ist, dass sie im Designprozess veränderbar ist, eine sinnvolle Skalierung erlaubt und ob man durch Einstellung eines Markers tatsächlich eine verwertbare Aussage erhält. Am Beispiel von 3 Eigenschaften, die bei der Allokation im Bereich der operativen Kundenservicearbeiten eines Versicherungsunternehmens auftreten können, werden wir untersuchen, ob es sich hierbei um Konstruktionsprinzipien nach der oben genannten Definition handelt.

Filtern der Konstruktionsprinzipien

Zentrale Bearbeitung

Untersuchung welche der Eigenschaften tatsächlich als Konstruktionsprinzipien taugen

Relevanz:
Die Eigenschaft „zentrale Bearbeitung" ist relevant, da sich durch Änderung des Anteils der zentralen Bearbeitung Änderungen des Zuteilungsverfahrens ergeben können.

Skala:
Als Maß kann hier der Anteil der Vorfälle, die von einer zentralen Einheit abgewickelt werden, gemessen am Gesamtvolumen der vergleichbaren Vorfälle, verwendet werden. Die Skala enthält in diesem Fall also Prozentwerte von 0 bis 100.

zum Beispiel: 0 - 20%, 21 - 50%, 51 - 75%, 76 - 100%

Die IT- Kosten dürfen sich nicht verändern

Skala:
Da vorgegeben ist, dass sich die IT- Kosten nicht verändern dürfen enthält die Skala hierfür nur einen Wert. Damit ist diese Eigenschaft nicht als Konstruktionsprinzip geeignet.

Diese Eigenschaft muss aber natürlich berücksichtigt werden. Sie ist eine Rahmenbedingung.

Vermittlerprovision

Relevanz:
Durch Änderungen in der Höhe der Vermittlerprovision ergeben sich keine Änderungen in der Allokation, deshalb ist dies hier kein Konstruktionsprinzip.

Abgrenzung der Konstruktionsprinzien

Häufig wird man feststellen, dass manche Eigenschaften eben eher Rahmenbedingungen darstellen als K-Prinzipien.[4] Diese Rahmenbedingungen sollten dann in einer anderen Weise festgehalten werden, sie dürfen jedoch nicht mit den K-Prinzipien vermischt werden. Geschieht dies trotzdem, wird man sich beim Design „im Kreise drehen", das heißt, die Rahmenbedingungen als statische Größe erlauben kein offenes Design, sie begrenzen nur, ohne zu einer Ausschöpfung beizutragen.

Diese Prüfung wird für alle Eigenschaften durchlaufen und als Ergebnis erhält man eine konsolidierte Liste von Konstruktionsprinzipien. Um hier die in der Erarbeitung angefallenen Ausprägungen, Gedanken und Ansätze zu sammeln, wird in einer detaillierteren Darstellung jedes K-Prinzip festgehalten:

---

4 K-Prinzip = Abk. für Konstruktionsprinzip

Fachliche Grundlagen zur Allokationsbildung

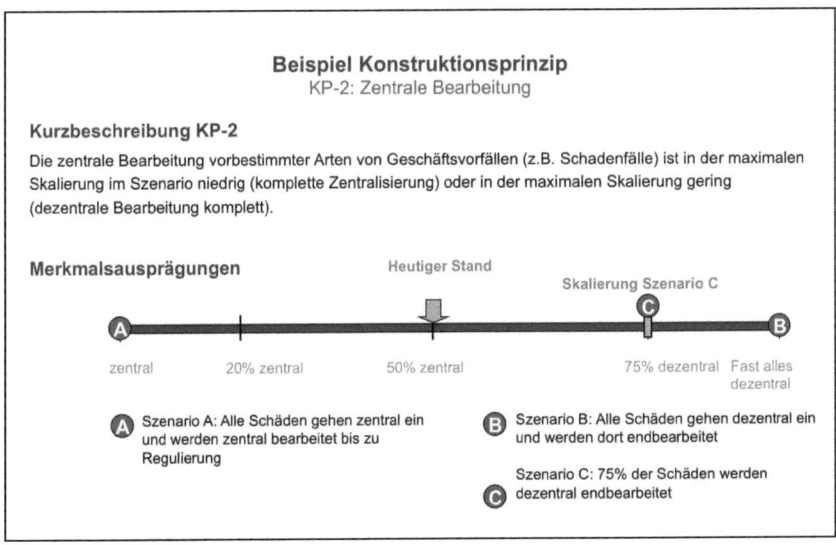

Abbildung 4: Konstruktionsprinzip „zentrale Bearbeitung"

Diese Darstellung hat sich in der Praxis bewährt. Sie zwingt dazu, sich als Team/Projekt in prägnanter Weise über ein Konstruktionsprinzip klar zu werden und dieses auch noch nach einiger Zeit auf einen Blick nachvollziehen zu können.

Darüber hinaus kann mit dieser Darstellung auch ein Außenstehender, der eine Allokationsbildung nachvollziehen soll, mit relativ wenig Aufwand erkennen, wo die Stellschrauben des Designs waren.

3.3 Komplexitätsbetrachtung

Als erster Schritt zur Allokationsbildung werden häufig die Massengeschäftsvorfälle und -prozesse mit geringerer fachlicher oder organisatorischer Komplexität von denjenigen abgetrennt, die eine hohe Einzelfallsicht oder hohe fachliche Komplexität besitzen.

Dies ist unbedingt notwendig, weil nur durch diese Trennung eine weitere Umsetzungsarbeit ermöglicht wird. Dies insbesondere unter dem Aspekt, dass vielfach mit der Argumentation „hier ist alles individuell und deshalb nicht industrialisierbar" jegliche weitere Effizienzsteigerung verhindert wird.

Durch die Trennung in geeignete und weniger geeignete Geschäftsvorfälle wird eine Basis geschaffen, auf der alle weitere Maßnahmen greifen können und hier nicht die Ausnahme den Regelfall dominiert.

Wir stellen im Weiteren die konzeptionelle Grundlage vor, auf der die ersten Projektweichen einer Allokation in Richtung Industrialisierung geschaffen werden.

Spezialisierungskonzept

Das Konzept der Spezialisierung geht davon aus, dass eine Arbeitsorganisation genau dann optimal läuft, wenn jeder Mitarbeiter gemäß seiner Qualifikation und seinem Potenzial die für ihn richtige Arbeit bekommt (Spannbreite der Aufgaben), denn:

1. Durch die fortschreitende Spezialisierung wird er mittelfristig eine optimale und schnelle Bearbeitung ausüben können, er muss sich nicht um Fälle kümmern, die ihn aufgrund mangelnder Qualifikation aufhalten und langweilt sich nicht mit für ihn unkomplexen Aufgaben.

2. Eine permanente Über-/Unterforderung liegt also nicht vor, beides kann relativ schnell zur fehlenden Motivation und damit zu Fehlern und Minderleistung führen.

3. Die fachliche Kompetenz ist immer steigerungsfähig, das heißt, bei einer Spezialisierung hört der Lernanreiz nie auf, insbesondere dann, wenn ein äußerer Anreiz zur Qualitätssteigerung gesetzt wird.

Unter dem Aspekt der Industrialisierung hat die Spezialisierung die Motivation, dass man fachliche Anforderung und teuere Qualifizierung in ein kostenmäßig optimales Verhältnis setzen kann. Nach dem Motto: Nicht zuviel Qualifikation investieren, aber auch nicht zuwenig.

Es folgt eine Beschreibung zur Durchführung einer Spezialisierungsuntersuchung mit nachfolgendem Design.

Das folgende Schaubild zeigt einen Ansatz zur Aufteilung der Geschäftsvorfälle in drei Kategorien und deren Zuordnung auf die dafür optimal ausgebildeten Mitarbeiter. Die Anzahl der Kategorien (drei) ist hier beispielhaft gewählt worden. Sie kann bei großem Volumen und weit auseinander gehender Komplexität auch höher sein. Auch eine geringere Anzahl wäre möglich, ist aber in den meisten Fällen nicht als realistisch einzuschätzen.

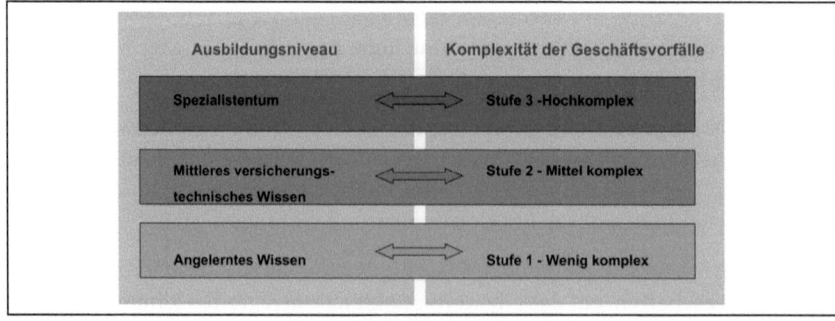

Abbildung 5: Komplexität und Ausbildungsniveau

Es folgt ein allgemeiner Kriterienkatalog für die Komplexität zur ersten Sichtung der Geschäftsvorfälle in dem jeweiligen Bereich.

Gleichförmige bzw. durch Automatisierung standardisierte Bearbeitungsvorgänge mit geringer Komplexität sind durch wenig ausgebildete Kräfte (Anlernkräfte) abzuwickeln oder sogar vollständig zu automatisieren. Aber:

Wenig komplexe Geschäftsvorfälle

- Dies gilt nur solange, wie das Risiko einer falschen Bearbeitung wenige Konsequenzen für das Unternehmen hat oder das Risiko zwar höher, aber durch entsprechende automatische Kontrollen und Steuerungen minimiert wird.
- Ist dies nicht der Fall, ist es oft besser, mehr in gut ausgebildetes Personal zu investieren, als „auf Biegen und Brechen" an der falschen Stelle zu sparen.
- Beispiel: Anschriftsänderungen Kunden, die keine vertragliche Konsequenz haben, Schadenaufnahme im Call Center mit unterstützender Gesprächsführung und -aufzeichnung, Änderung von Anschriftsdaten,…

Mittelkomplexe Vorgänge, die nur zum Teil automatisierbar sind und ein gewisses Fachwissen erfordern, werden von der Bearbeitungslinie der gleichförmigen Prozesse getrennt. Hier wird entsprechend geschultes Personal sowie eine dazu passende Arbeitsumgebung geschaffen. Beispiel: Abrechnung Gruppenverträge ohne größere Besonderheiten, höhere Kaskoschäden, Schäden Flotte.

Mittelkomplexe Vorgänge

Hochkomplexe Vorgänge, die ein sehr hohes Fachwissen erfordern, werden einem Spezialistenteam zugeleitet. Beispiel: Abwicklung Großschaden (U-Bahnschaden als krasses Beispiel) oder Schäden mit hohen Personenschäden oder mit vielen Beteiligten. Oder als weiteres Beispiel die Errichtung oder die Jahresabrechnung eines komplizierten Konsortialvertrages.

Hochkomplexe Vorgänge

Die beim jeweiligen Versicherer entstehenden Geschäftsvorfälle werden zunächst einzeln nach Komplexitätsgrad eingestuft.

Beurteilungskriterien zur Komplexität bilden dabei:

- **Erforderliches Wissen für die Bearbeitung**
  Welches Wissen muss ein Sachbearbeiter vorhalten? Muss er sich langjährig spezialisiert haben, um den Geschäftsvorfall qualifiziert bearbeiten zu können (länger als der Durchschnitt der Sachbearbeiter)?

Kriterien zur Komplexitätsuntersuchung

- **Standardisierbarkeit**
  Wie viele nicht vermeidbare individuelle Einzelfälle/Einzellösungen muss der Sachbearbeiter bei dem Geschäftsvorfall berücksichtigen, die nicht standardisiert weiterzugeben sind (Kopfmonopol durch Einzelabsprachen etc.)? Muss der Sachbearbeiter sehr anspruchsvolle Kunden-/Vermittlerkontakte bedienen?

- **Automatisierbarkeit**
  Kann der Geschäftsvorfall mit vertretbarem Aufwand automatisiert werden, so dass wesentliche Teile der manuellen Bearbeitung entfallen können?

- **Häufigkeit**
  Wie oft tritt der Geschäftsvorfall auf? Handelt es sich zum Beispiel um einmal im Jahr auftretende Fälle?

Nicht Gegenstand der Komplexitätsbetrachtungen sind:

- Eingeschliffene Arbeitsweisen, die aufgrund mangelnder technischer Unterstützung und/oder Gewohnheit beibehalten werden.
- Nicht wertschöpfende Führungs- und Prüftätigkeiten, die bei den Geschäftsvorgängen als nicht notwendig einzustufen sind.
- Einzelabsprachen mit dem Kunden/Makler, welche man ohne wesentliche Qualitäts- und Imageverluste gegenüber dem Kunden ändern könnte.

Kundenbeispiel: Definition der zugrunde gelegten Komplexitätsstufen im Bereich Lebensversicherung

In dem Kundenbeispiel fand eine Differenzierung in drei Komplexitätsstufen statt. Die zugrunde liegenden Komplexitätsstufen sind:

HoheK omplexität

Der Vorgang sollte von Experten bearbeitet werden, da ...

- eine Standardisierung des Geschäftsvorfalls aufgrund einer hohen Anzahl von Bearbeitungsvarianten nur ansatzweise möglich ist,
- zur Bearbeitung sehr fundierte und spezielle Fachkenntnisse in der Bearbeitung des Gewerbe und Industrie-Bestandsgeschäfts erforderlich sind oder
- der Vorgang selten auftritt und daher ein dezentrales Aufbauen und Vorhalten des Wissen nicht sinnvoll ist.

MittlereK omplexität

Der Vorgang kann von normalen Sachbearbeitern bearbeitet werden, da...

- diese Geschäftsvorfälle nur zu einem gewissen Grad standardisierbar sind, weil
  - Sonderauswertungen oder manuelle Tätigkeiten erforderlich sind
  - die anfallende Menge für eine breite Standardisierung nicht ausreicht
- ausreichende Kenntnisse in der Bearbeitung des Bestandsgeschäfts der jeweiligen Sparte vorhanden sein müssen und
- eine Einarbeitung in den konkreten Vorgang erforderlich ist.

Niedrige Komplexität

Der Vorgang kann von angelernten Kräften bearbeitet werden, da...

- ein hohes Standardisierungspotenzial vorliegt und die anfallenden Geschäftsvorfälle immer wieder in gleicher Art auftreten,
- wenige Kenntnisse in der Bearbeitung erforderlich sind,
- eine nur kurze Einarbeitung in den konkreten Vorgang notwendig ist und
- der Vorgang häufig auftritt und so eine Routine auch bei „schwierigeren" Vorgängen aufgebaut werden kann.

Für die einzelnen Stufen werden im Folgenden Projektbeispiele für die Zuordnung einzelner Geschäftsvorfälle aufgelistet.

Komplexitätsstufe 1	Rahmenvertrag	Neugeschäft	**Auskunft und Beratung** ■ Beratung zur Einrichtung eines neuen Gruppenvertrages bei EGA[5]- / Konsortialverträgen bzw. bei VIP-Kunden, Anstoß: VN[6] /AD[7] / Makler ■ Beratung beim Einschluss weiterer Produkte in einen bestehenden Gruppenvertrag bei EGA- / Konsortialverträgen bzw. bei VIP-Kunden, Anstoß: VN /AD / Makler **Angebotserstellung** ■ Erstellung Angebot zu einem neuen Gruppenvertrag und Vertragserstellung bei EGA- /Konsortialverträgen bzw. bei VIP-Kunden **Vertragseinrichtung** ■ Einrichtung eines neuen EGA-Gruppenvertrages ■ Einrichtung eines neuen Konsortial-Gruppenvertrages ■ Poolen eines GVV als IGP[8]-Vertrag

Kundenbeispiel: Geschäftsvorfallzuordnung nach Komplexitätsstufen

---

5 Eigene Gewinnabrechnung.
6 Versicherungsnehmer.
7 Vertriebs-Aussendienst.
8 International Group Policy.

Komplexitätsstufe 2	Rahmen-vertrag	Neugeschäft	**Auskunft und Beratung** ■ Beratung zur Einrichtung eines neuen Gruppenvertrages (Standard), Anstoß: VN /AD / Makler ■ Beratung beim Einschluss weiterer Produkte in einen bestehenden Gruppenvertrag (Standard) Anstoß: VN /AD / Makler **Angebotserstellung** ■ Erstellung Angebot zu einem neuen Gruppenvertrages (Standard) ■ Erstellung von Angeboten zu neu einzuschließenden Produkten in den Gruppenvertrag (Standard), Anstoß: VN / AD / Makler **Vertragseinrichtung** ■ Einrichtung eines Standard- Gruppenvertrages
		Bestand	**Auskunft und Beratung** ■ Vorbereiten und Durchführen von Kundenbesuchen (bei Fragen der Verfahrensweise bei der Abwicklung des Bestandsgeschäfts) **Änderung** ■ Änderungen am Standard-Gruppenvertrag, z.B. neue Produkte **Abrechnung** ■ Erstellen von Vertragsabrechnungsschreiben hinsichtlich Beitragsinkasso zum Stichtag ■ Durchführung Jahresabschluss **Sonstiges** ■ Prüfung eingegangener Zahlungen und Behebung von Abweichungen ■ Anstoßen Mahnverfahren ■ Bearbeitung Lastschrift-Rückläufer ■ Anfrage zu Provisionen, Anstoß: AD / Makler

Komplexitätsstufe 3	Rahmen-vertrag	Neugeschäft	—
		Bestand	—
	Einzel-risiko	Neugeschäft	■ Zugang eines neuen Risikos bearbeiten, Anstoß: VN / AD / Makler ■ Nichteinlösung der Police (NdP), Anstoß: VN
		Bestand	**Auskunft und Beratung** ■ Allgemeine Anfrage zu Standardprodukten, Anstoß Kunde ■ Anfrage zu möglichen technischen Vertragsänderungen bei Standardprodukten **Änderung** ■ Unkritische Veränderungen am Einzelrisiko ■ Veränderungsmeldung von VN / AD / Makler anfordern zum Stichtag, Anstoß: Wiedervorlagetermin ■ Allgemeine Veränderungsmeldungen (z.B.: Adresse, Name, Konto), Anstoß: VN / AD / Makler Durchführung Wiederinkraftsetzung, Anstoß: VN / AD / Makler
			Sonstiges ■ Anforderung von Ersatz-Versicherungsschein, Gläubigeranfragen ■ Versand von Steuerformularen für Finanzamt Kunde ■ Allgemeine Beschwerde, Anstoß: VN / AD / Makler / VP
			Auskunft und Beratung ■ Anfrage zu Stand der Bearbeitung **Durchführung** ■ Bearbeitung Kündigung bei kleineren Standardpolicen ■ Bearbeitung Sterbefall, Anstoß: VN, Hinterbliebene oder AD / Makler
		Schaden	**Schadenbearbeitung** ■ Aufnahme Schaden bei Standardprodukten/Policen ■ Fallabschließende Bearbeitung kleiner Schäden vorzugsweise am Telefon

Organisatorische Umsetzung der Komplexitätsstufen

Die Komplexitätsstufen werden nun herangezogen, um die „Fließbandfertigung" von der Spezialistenbearbeitung operationalisierbar abzugrenzen.

Darüber hinaus wird die Versicherungsbetriebsfabrik damit in Teams gegliedert, die aus einer ausbildungsmäßig homogenen Mitarbeiterschaft bestehen, die alle im Rahmen der zugeteilten Geschäftsvorfälle eine gleich bleibende Komplexität bearbeiten.

In Kapitel 4 wird die weitere Methodik dazu erläutert.

4. Bildung von Allokationsmodellen

4.1 Überblick über die Methodik

In diesem Kapitel werden wir beschreiben, wie man den Prozess der Allokationsbildung methodisch und strukturiert angehen kann. Dieser Bildungsprozess stellt einen ersten Schritt eines umfassenden Projekts zur Allokationsveränderung dar. Das Gesamtprojekt hat normalerweise die folgenden Komponenten:

Überblick über die Vorgehensweise eines Allokationsprojekts

1. **Vorbereitung (Allokationsbildung)** / Fokus dieses Buches
2. Detaildesign
3. Pilotierung
4. Roll Out

Gesamtplan des Designs und der nachfolgenden Umsetzung einer neuen Allokation

Abbildung 6: Gesamtprojekt „Neue Allokation"

In diesem Buch konzentrieren wir uns auf die Allokationsbildung, das heißt auf die erste oben abgebildete Komponente, und werden diese in ihrer Vorgehensweise detaillierter beschreiben.

Fokus auf „Allokationsbildung"

Es folgt ein Vorgehensplan, in dem die wesentlichsten Arbeitsschritte der Allokationsbildung aufgeführt sind.

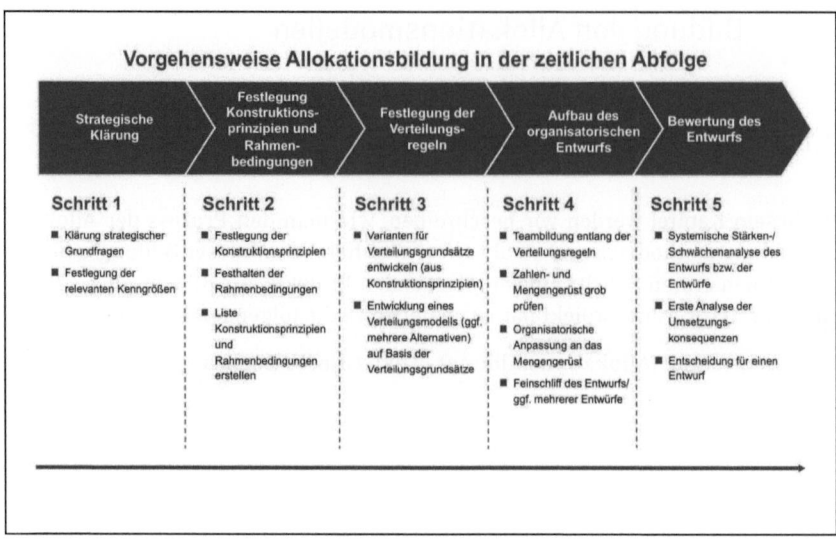

Abbildung 7: Vorgehensweise Allokationsbildung

4.2 Beschreibung der einzelnen Arbeitsschritte

4.2.1 Strategie als Grundlage

Klärung strategischer Grundfragen

1/1 Strategie-Portfolio

Die Allokationsbildung für größere Einheiten ist in der Umsetzung eine komplexe und unternehmensindividuelle Aufgabe. Es sind normalerweise höhere Investitionen und/oder grundlegende organisatorische Änderungen notwendig. Deshalb ist eine intensive Vorbereitung und Planung entsprechender Umsetzungsprojekte zwingend notwendig.

Es gibt viele methodische Ansätze, um bei der strategischen Klärung zum Ziel zu kommen. Wir schlagen hier zwei Hilfsmittel vor, die sich in diesem thematischen Umfeld bewährt haben und die dabei unterstützen, planvoll zum Ziel zu kommen:

⮕ 1/1 Strategie-Portfolio

⮕ E² Strategie-Portfolio

Als Hilfsmittel für die Erarbeitung von Handlungsempfehlungen steht ein 1/1 Strategie-Portfolio mit vier grundlegenden Normstrategien zur Verfügung[9].

---

9 Jeder Quadrant der Matrix entspricht einer speziellen Strategie.

Fachliche Grundlagen zur Allokationsbildung

Daraus lassen sich erste strategische Aussagen und Maßnahmen ableiten, welche die grundsätzliche Stoßrichtung der Allokation bestimmen.

Hier werden gewisse Grundfragen zur Kombination zweier (oft gegensätzlicher) Anforderungen gestellt, die im Rahmen der Allokation eine Rolle spielen, so zum Beispiel:

1. Wie hoch ist der Automatisierungs-/Standardisierungsgrad der Prozesse in Relation zu der Individualität der Produkt-/Kunden-Anforderungen?
2. Verzichten unsere Kunden eher auf Service und haben dafür günstige Preise oder umgekehrt?
3. Wie hoch ist der Wunsch nach Spartenautonomie gegenüber der zentralen Bearbeitung?

Die unten in der Beispieldarstellung gewählten Bereiche IT, Prozesse und Organisation sind natürlich theoretisch ersetzbar durch andere Begriffe, falls die jeweilige Aufgabenstellung dies erfordert. Im Allgemeinen sind die gewählten drei Bereiche aber zu Beginn eine gute Wahl und klären die Richtung schon in mannigfaltiger Weise.

Der Ist-Zustand (heute) und der gewünschte Zielzustand nach der Umsetzung der neuen Allokation werden jeweils in der Matrix eingetragen und zwingen damit gedanklich zur Positionierung und Zielgebung für die weiteren Arbeiten.

Es folgt als Beispiel die obige erste Grundfrage in der 1/1 Strategie Portfolio Darstellung:

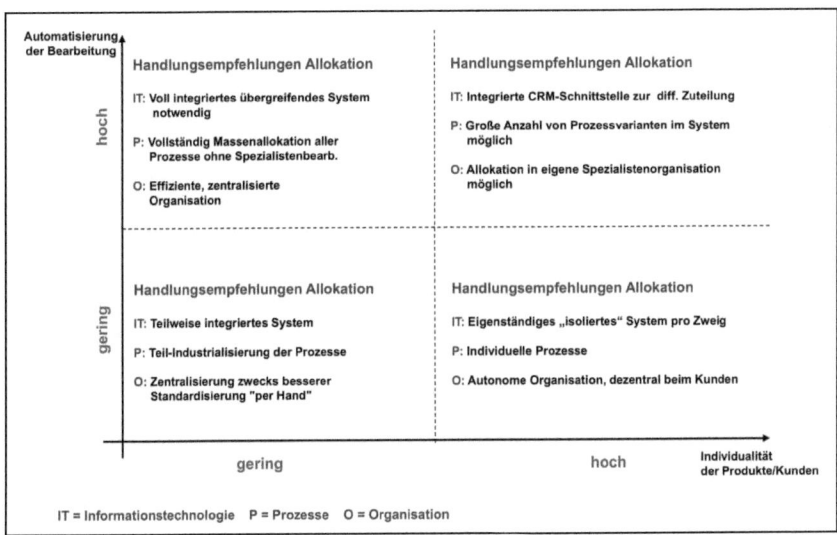

Abbildung 8: 1/1 Strategie-Portfolio

E² Strategie-Portfolio Als weitere Anregung zur strategischen Findung folgt die Matrix für die Bewertung des scheinbaren „Widerspruchs" zwischen Effizienz und Effektivität (E²-Portfolio), welches beispielhaft die beiden konkurrierenden Größen „Betriebskosten" und „Schadenquote" in ihrer Relation bewerten hilft. Nur die Optimierung beider Kenngrößen bietet langfristig einen nachhaltigen Effekt auf die Wettbewerbsfähigkeit.

Kommt es in erster Linie auf den Betriebskostenaspekt an, oder ist eher die Schadenquote das eigentliche Problem, oder sind die mangelnden Kundenbindungen die Ursache des ggf. mangelnden wirtschaftlichen Erfolgs, das heißt, das E²-Portfolio zeigt, dass hier vielleicht schon ein Optimum erreicht wurde?

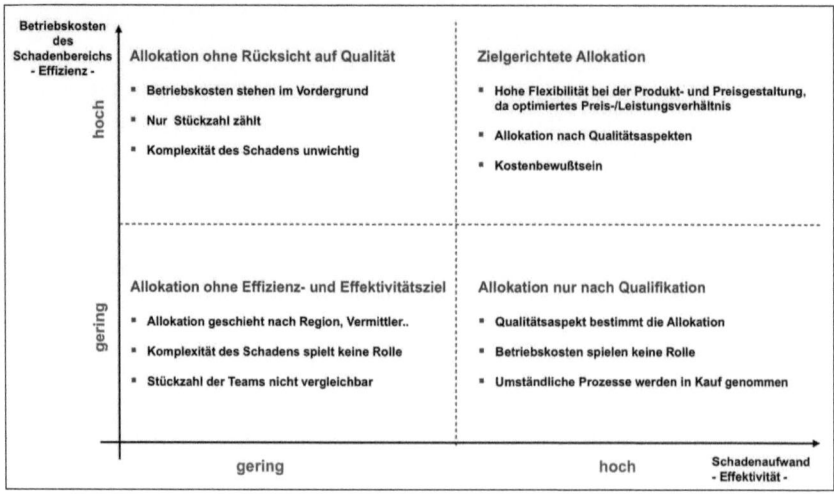

Abbildung 9: E² Strategie-Portfolio

Häufig besteht zum Beispiel ein Zusammenhang zwischen den Bearbeitungskosten eines Schadenfalls mit der Schadenquote: Sinken die Bearbeitungskosten unter einen gewissen Schwellenwert, ist dies ein Indiz dafür, dass die Regulierungspraxis mit zu geringem Prüfaufwand bei der Beurteilung des Schadens einhergeht (daher auch die geringen Aufwendungen). Das erhöht dann aber gleichzeitig die Schadenzahlungen (durch Überzahlung), was in der Regel teurer ist, als wenn die Bearbeitungskosten etwas erhöht würden, um hier zu einer gewissenhafteren Bearbeitung zu kommen.

Allerdings ist dies nicht zwangsläufig der Fall. Sofern es gelingt, die Bearbeitung zu optimieren, indem man nicht an der Qualität der Bearbeitung spart, aber an den administrativen bzw. automatisierbaren Prozessteilen, so kann bei hoher Qualität auch eine Senkung der Bearbeitungskosten erreicht werden.

Generell ist darauf zu achten, dass die grundlegenden Strategien des Unternehmens hier hinreichenden Einfluss haben. So ist bei einer Industrialisierungsstrategie des Unternehmens zu fragen, ob die Grundaussagen und -anforderungen der Industrialisierung durch die Umgebung, in der die Allokation eingebettet werden soll, überhaupt darstellbar sind.

Als Beispiel ist hier die Produktpalette zu nennen. Nur wenn die Produkte für die Massenfertigung geeignet sind, kann mit einer neuen Allokation ein weiterer Schritt in die industrialisierte Massenfertigung gegangen werden.

4.2.1.1 Strategische Kenngrößen als Zielgebung

Ist nun der grundlegende Fokus klar, so werden die entscheidenden Größen (Kenngrößen) festgelegt, die als Ergebnisgrößen dienen (zum Beispiel Senkung der Betriebskosten um 15% ohne Erhöhung der Schadenquote) und als übergreifende „Message" den gesamten Umsetzungsprozess begleiten sowie auch am Ende als übergreifende Messgröße für die Beurteilung des Erfolgs herangezogen werden können.
Festlegung der relevanten Kenngrößen

Hier ist meistens ein starker Bezug zu den im Rahmen der Industrialisierung relevanten Kenngrößen zu sehen (vgl. dazu Kapitel 7 Industrialisierung).

Idealerweise sind Kenngrößen so definiert, dass man sie bereits im nächsten Schritt der Allokationsbildung, nämlich der Definition der Konstruktionsprinzipien, verwenden kann. Doch auch wenn dies noch nicht geleistet werden kann, ist die Festlegung der relevanten Kenngrößen trotzdem hilfreich, da es den generellen Fokus auf die entscheidenden Größen setzt.

Bei der Strategiediskussion wurde festgestellt, dass es bei der Allokationsbildung um die Erreichung der folgenden Ziele geht:
Beispiel

- Erhöhung Neugeschäft
- Senkung des Preises für neu verkaufte Produkte

Führt man dies auf passende betriebswirtschaftliche Kennzahlen zurück, so könnten dies zum Beispiel sein:

1. Neugeschäftsquote
2. CombinedRatio

4.2.1.2 Erarbeitung der Konstruktionsprinzipien und Rahmenbedingungen

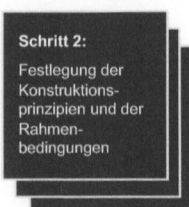

Schritt 2:
Festlegung der Konstruktionsprinzipien und der Rahmenbedingungen

In diesem Abschnitt gehen wir kurz auf die methodische Erarbeitung der Konstruktionsprinzipien und Rahmenbedingungen ein. Die Methode der Konstruktionsprinzipien ist in Kapitel 3.2 ausführlich beschrieben und wird jetzt hier angewendet.

Wir hatten vorher einige strategische Aussagen und Kenngrößen erarbeitet, die wir als Ausgangsbasis verwenden können. Allerdings sind diese meist so allgemein bzw. übergreifend, dass sich kein eindeutiger Zusammenhang zu einem Konstruktionsprinzip ergibt.

Workshop „Konstruktionsprinzipien"

Es empfiehlt sich, an diesem Stand der Arbeiten einen ganztägigen Workshop zu veranstalten, in dem diese Hinleitung erarbeitet wird.

Thema:

AGENDA WORKSHOP

BEREITSTELLUNG DER GRUNDLAGEN FÜR DIE ALLOKATIONSBILDUNG

- Einleitung
- Strategische Ziele und Kennzahlen
- Einführung in die Methode (Konstruktionsprinzipien)
- Workshop Session I
    - Eigenschaften der heutigen Allokation
    - Neue Eigenschaften zur zukünftigen Allokation
    - Abstimmung einer gesamten Liste von Eigenschaften

PAUSE

- Workshop Session II (Prüfung der Ergebnisse)
    - Welche Eigenschaften sind Konstruktionsprinzipien und was ist sonst noch wichtig?
    - Ggf. Erarbeitung zusätzlicher Konstruktionsprinzipien

Fragen zu Workshop Session II:

1. Sind das Konstruktionsprinzipien?
2. Passen die Konstruktionsprinzipien zu der strategischen Fragestellung?
3. Oder gehen die KP's an den wichtigen Fragestellungen vorbei?
4. Sind genügend KP's vorhanden, um eine kreative Designbildung vorzunehmen?

Fachliche Grundlagen zur Allokationsbildung

5. Was sind die Rahmenbedingungen und sonstige wichtige Punkte?

Als Zeitrahmen für den Workshop sollte mindestens 1 Tag angesetzt werden, bei sehr komplexen Fragestellungen sollte der Workshop auf 2 Tage verteilt werden. *Zeitrahmen*

Zusammensetzung des Teilnehmerkreises: *Teilnehmerkreis*

- Echte Kenner aus den wichtigsten „betroffenen" Bereichen (zum Beispiel aus Betrieb, Schaden, Spartenvertreter,…). Hier sind nicht Projektmitarbeiter ohne Praxiserfahrung gemeint, sondern echte Praktiker.
- Kreative Mitarbeiter aus beteiligten Stabsabteilungen (BO, Konzernprojekte)
- Projektmitarbeiter (Allokationsprojekt)
- Ein Moderator (intern oder extern)
- Eine für die Projektarbeit verantwortliche Führungsperson

Der Teilnehmerkreis muss hier sehr sorgfältig ausgewählt werden. Insbesondere wird hier der eine oder andere Mitarbeiter als Blockierer auftreten, der eigentlich das Thema Allokationsbildung entweder als unwichtig oder als schon geregelt ansieht. Das lässt sich fast nie wirklich vermeiden, da man auf die Expertise aus allen Bereichen angewiesen ist und nicht immer eine geeignete Person für einen solchen Workshop frei ist. *Sonstige Anforderungen an die Teilnehmer*

Insofern muss eine hinreichende Menge von offenen, interessierten Teilnehmern mitarbeiten, um hier auch die Blockierer mitzuziehen.

Besonderes Augenmerk ist auch auf die Eignung des Moderators zu legen. Der Moderator muss sowohl Fachkenntnis als auch methodische Sicherheit besitzen und die entsprechenden Fähigkeiten zur Moderation besitzen.

Die Führungskraft muss Akzeptanz in der Runde besitzen, damit hier das Gefühl der „Wichtigkeit" eines solchen ganztägigen Workshops aufkommt.

Im Rahmen des Workshops werden fortlaufend alle wichtigen Diskussionspunkte, die nicht Konstruktionsprinzipien sind - zum Beispiel Rahmenbedingungen, offene Punkte, noch nicht geklärte Strategiefragen - notiert (zum Beispiel auf einem Flip Chart).

Am Ende des Workshops sollten die folgenden Ergebnisse grob vorliegen (heißt: noch zu verschriftlichen und auszuarbeiten):

⮕ Liste Eigenschaften

⮕ Liste abgesicherte Konstruktionsprinzipien

⮕ Liste Rahmenbedingungen und sonstige wichtige Punkte *Ergebnisse des Workshops*

Anschließende Aufarbeitung des Ergebnisses
Ist der Workshop vorbei, wird das Projekt die Ergebnisse ausarbeiten. Dies besteht insbesondere in der sauberen Darstellung der definierten Konstruktionsprinzipien.

Abschließend wird den Teilnehmern die Ausarbeitung vorgelegt mit der Bitte um Review und ggf. Korrektur.

Ergebnis der Arbeiten
Nach der Abstimmung ist dieser Arbeitsschritt abgeschlossen.

Abbildung 10: Ergebnisse Konstruktionsprinzipien und Rahmenbedingungen

4.2.2 Festlegung der Verteilungsregeln

Ausgehend von der Liste der Konstruktionsprinzipien kommt man nun zu den Verteilungsregeln. Die Erarbeitung der Verteilungsregeln ist der Kern der Allokationsbildung. Ziel dieser Aufgabe ist es, eine grobe Zuteilungslogik darzustellen, aber nicht, die detaillierte Liste der Geschäftsprozesse im Detail zu erarbeiten! Dies geschieht im weiteren Projektverlauf in der Phase „Detaildesign" (vgl. dazu Abbildung 6: Gesamtprojekt „Neue Allokation")

Die Liste der Konstruktionsprinzipien ist hier das Werkzeug, um eine überzeugende Verteilungssystematik zu erarbeiten.

Hier wird eine grobe Verteilung definiert, die sich modellhaft darstellt und als solche auch keine zu tiefen Detailfragen beantworten kann. Wichtig und auch schwierig ist es hier, den passenden Detailgrad zu finden. Das folgende Beispiel zeigt für einen Beispielfall „Back Office Allokation" einen gelungenen Detailgrad.

Fachliche Grundlagen zur Allokationsbildung

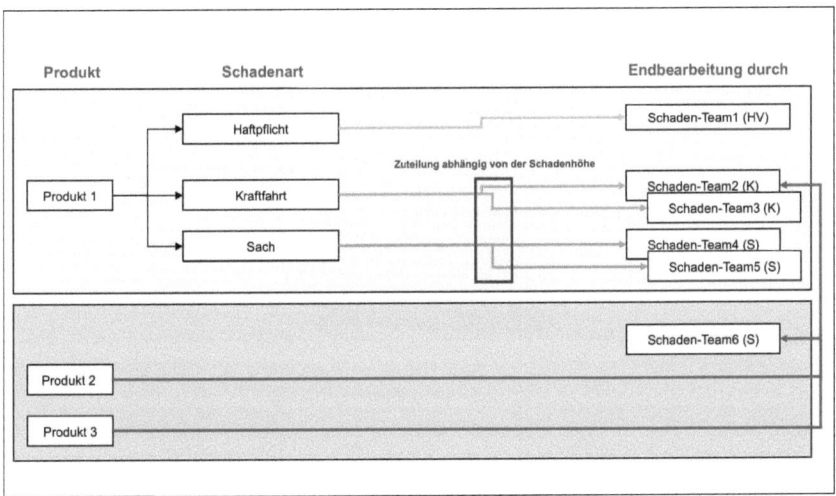

Abbildung 11: Beispiel Verteilungsregeln

Die Darstellung zeigt uns, dass die Schäden von bestimmten Produkten komplett in einer speziellen Einheit bearbeitet werden, dass das Produkt 1 je nach Schadenart in verschiedenen Einheiten bearbeitet wird, welche sich dann noch je nach Schadenhöhe weiter aufteilen.

Was wir hier noch nicht sehen können ist, in welcher Einheit/Organisationsform diese Teams funktionieren werden.

Bei jedem Durchgang durch die Konstruktionsprinzipien entsteht theoretisch ein neues Verteilungsmodell. In der Praxis werden aber viele ähnliche Modelle zu einer prägnanten Variante zusammengefasst. Dies und die ständige Spiegelung an der strategischen Vorgabe lässt normalerweise nur eine überschaubare Menge von Szenarien entstehen, die das Projektteam weiterverfolgen möchte.

Szenarienbildung Verteilungsregeln

Als Ergebnis dieser Arbeit liegen dann eine Reihe alternativer grober (!) Verteilungspläne vor. Diese werden in einer nächsten Sitzung noch einmal einer Prüfung unterzogen und ggf. zu weniger Szenarien zusammengefasst und optisch so aufbereitet, dass damit weiter gearbeitet werden kann.

Als Obergrenze würden wir final maximal fünf verschiedene Modelle zulassen.

Noch nicht beantwortet sind damit zum Beispiel die Fragen, wie die Teamstruktur aussehen soll, welche einzelnen Geschäftsvorfälle an welchen Standort geleitet werden, welches Team wie aufgebaut sein soll und wie die Organisation in den Standorten generell aufgebaut ist.

Volumina

Was aber jetzt noch benötigt wird, ist eine grobe Mengenschätzung, welches Volumen den einzelnen Verteilungsregeln zugrunde liegt.

Hier liegt ein Stolperstein für die Güte der weiteren Arbeiten. Oft wird hier zahlenmäßig nicht gründlich genug recherchiert, was unter Umständen zu einem viel späteren Zeitpunkt das gesamte präferierte Modell kippen lassen kann.

Liegen die Volumina in einer groben Schätzung/Auswertung vor, müssen diese als Ausgangspunkt für die Organisationsbildung genutzt werden.

Ergebnis der Arbeiten

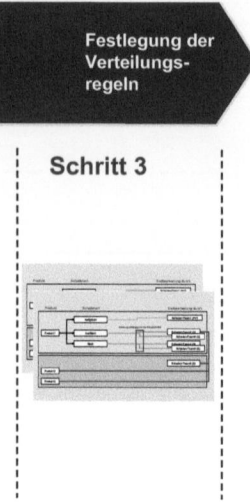

Abbildung 12: Ergebnisse Verteilungsregeln

4.2.3 Aufbau des organisatorischen Entwurfs (Blue Print)

Schritt 4:
Aufbau des organisatorischen Entwurfs

Nach den zuvor ausgeführten Vorüberlegungen ist jetzt die Grundlage geschaffen, einen Entwurf für die Arbeitsorganisation zu fertigen. Wir haben Szenarien von möglichen Teams aus den Verteilungsregeln und ggf. weitere Konstruktionsprinzipien, die uns helfen, den richtigen organisatorischen Entwurf zu fertigen.
Gehen wir zurück auf unsere Verteilungsregeln, so erkennen wir schnell, dass jetzt die Brücke geschlagen werden muss zwischen der theoretischen Definition von „Empfängern" der Arbeit und der Umsetzung dieser Verteilungslogik in eine funktionierende Organisationsform.

Am besten ist es, hier für jedes Szenario (Verteilungsregeln) die Empfängerteams aus den Verteilungsregeln im Sinne von organisatorischen Einheiten als Ausgangspunkt zu betrachten und zu überlegen, in welcher

➲ übergeordneten Abteilung/Bereich/Gruppe

Fachliche Grundlagen zur Allokationsbildung

⇨ Organisationsformu ndF ührungsstruktur

⇨ Standort

sich diese Verteilungsregeln am besten verwirklichen lassen. Die Konstruktionsprinzipien liefern hier ggf. weitere Einschränkungen.

Es folgt ein Beispiel für einen Blue Print:

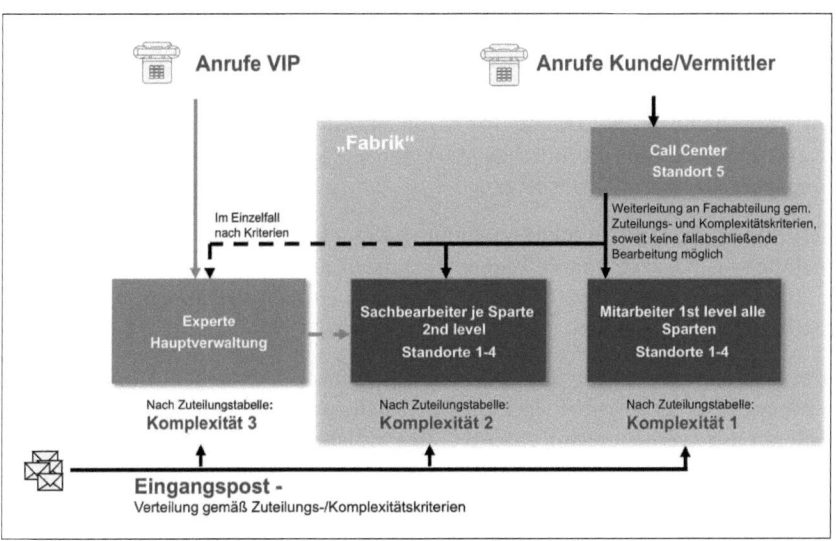

Abbildung 13: Beispiel für einen Blue Print

Best Practices Sammlung für die Allokationsbildung

An dieser Stelle fassen wir einige grundlegende Erkenntnisse und Erfahrungen aus entsprechenden Projekten zusammen, die die verschiedenen Ansätze beleuchten, die hier eine Rolle spielen können. *Erfahrungen aus der organisatorischen Modellierung*

Es gibt eine Mindestgröße, mit der ein Standort kostenseitig noch zu verantworten ist. Dieser Schwellenwert hängt von den jeweiligen Mitarbeiterzahlen, den Ausstattungen, der Kostenstruktur, dem Dienstleistungsspektrum etc. ab. Im Rahmen eines großen Standortes kann vieles funktionieren, was dezentral immer klemmte. Ausnahmen bestätigen auch hier die Regel. Allgemein kann man aber sagen, dass eine sehr dezentrale Organisationsform selten kostengünstig arbeitet. Organisatorisch liefert dezentrales Arbeiten den Nachteil einer zu sensiblen Auslastungsproblematik und einer zu geringen Flexibilität des Einsatzes. *Standortproblematik*

Außerdem ist bei nicht optimalem Technikeinsatz das Problem der Postverschiebung, der Erreichbarkeit am Telefon etc. gegeben, was die Arbeit enorm beeinträchtigen kann.

Teamstärken

Teamstärken unter 8 und deutlich über 12 Mitarbeitern sind nicht positiv zu bewerten, wenn das Team intensiv gesteuert und zum optimalen Erfolg geführt werden soll.

Hier liegt eine Herausforderung bei der Erarbeitung der Verteilungsregeln.

Führung

Es ist darüber nachzudenken, wie eine industrialisierte Organisation Führung erlebt. Soll der Abteilungs-/Gruppen-/Teamleiter mehr sein als nur personalverantwortlich und der Mitarbeiter für besonders schwierige Fälle? Ergebnisverantwortung ist hier ein wesentliches Merkmal, das aber auch eine bestimmte Führungspersönlichkeit voraussetzt.

Trennen Massengeschäft von Einzelfällen

Als erster Schritt zur Allokationsbildung werden häufig die Massengeschäftsvorfälle und -prozesse mit geringerer fachlicher oder organisatorischer Komplexität von denjenigen abgetrennt, die eine hohe Einzelfallsicht oder hohe fachliche Komplexität besitzen.

Dies ist unbedingt notwendig, weil nur durch diese Trennung eine weitere Umsetzungsarbeit ermöglicht wird. Dies insbesondere unter dem Aspekt, dass vielfach mit der Argumentation „hier ist alles individuell und deshalb nicht industrialisierbar" jegliche weitere Effizienzsteigerung verhindert wird.

Durch die Trennung in geeignete und weniger geeignete Geschäftsvorfälle wird eine Basis geschaffen, auf der alle weiteren Maßnahmen greifen können und hier nicht die Ausnahme den Regelfall dominiert.

Komplexität

Wir haben festgestellt, dass der weit überwiegende Anteil moderner Allokationsmodelle eine Komplexitätsbetrachtung beinhaltet.

Dies ist nicht verwunderlich, da der Komplexitätstheorie grundlegende Erkenntnisse der Arbeitspsychologie zugrunde liegen.

Wir glauben, dass auch in der Vergangenheit mit dem Grundgedanken der Komplexität implizit verteilt, gearbeitet und geschult wurde, selten aber mit Struktur und System. Das hat dazu geführt, dass die Arbeitsverteilung durch den „Gruppenleiter" häufiger eine hohe Bedeutung hatte.

Nur dieser Mitarbeiter konnte die Komplexität von eingehenden Geschäftsvorfällen relativ zu dem dafür geeigneten Mitarbeiter beurteilen, da kein anderes System vor Ort existierte.

Im Rahmen einer Industrialisierung ist jedoch dieses Einzelfertigungssystem nicht mehr haltbar, weil zu aufwändig und zu sehr von den jeweiligen Erkenntnissen des Einzelnen abhängig.

In Kapitel 3.3 wird das Spezialisierungskonzept ausführlich erläutert.

Die Komplexitätsstufen werden nun herangezogen, um die „Fließbandfertigung" von der Spezialistenbearbeitung operationalisierbar abzugrenzen.

Organisatorische Umsetzung der Komplexitätsstufen

Darüber hinaus wird die Versicherungsbetriebsfabrik damit in Teams gegliedert, die aus einer ausbildungsmäßig homogenen Mitarbeiterschaft bestehen, die alle im Rahmen der zugeteilten Geschäftsvorfälle eine gleich bleibende Komplexität bearbeiten.

Grundsätzlich ist das Spezialisierungsthema unter dem Diktum der Prozessverantwortung bzw. der durchgängigen Bearbeitung zu sehen. Das heißt, es soll nach erfolgter Verteilung normalerweise keine weitere Verteilung mehr stattfinden. Die Endbearbeitung fast aller in einem Team ankommenden Geschäftsvorfälle ist also konzeptionell von vornehrein zu berücksichtigen.

Grundsatz „Fallabschließende Bearbeitung"

Hier ist normalerweise durch die passenden Allokationskriterien eine Basis geschaffen, die eine klare Verantwortlichkeit für bestimmte Geschäftsvorfälle definiert. Durch entsprechende Trainingsmaßnahmen und zu schaffende Aufgabenklarheit wird eine Weiterleitung angearbeiteter Vorgänge minimiert.

Ausnahme ist hier ein sich entwickelnder Geschäftsvorgang, der ab einem gewissen Zeitpunkt entgegen dem ersten Eindruck einer anderen Komplexität zuzuordnen ist. Dies ist erfahrungsgemäß aber selten der Fall sofern die Allokation hinreichend durchdacht ist.

Aus Sicht der fachlichen Bearbeitung ist es theoretisch gleichgültig, ob ein Vorgang auf telefonischem oder schriftlichem oder sonstigem Wege eintrifft, sofern alle Informationen strukturiert vorliegen. Praktisch ist es aber ein wesentlicher Unterschied, ob ein Kunde sein Anliegen am Telefon äußert oder dies schriftlich/elektronisch tut. Da der Kunde zu diesem Zeitpunkt „zur Verfügung steht", wenn der Mitarbeiter telefoniert, kann durch geschickte Gesprächssteuerung oft eine vollständigere Informationsgewinnung erreicht werden als beim schriftlichen Eingang. Bei geeigneten Vorgängen und einem geeigneten Qualifikationsprofil der Mitarbeiter kann hier sogar mitunter eine fallabschließende Bearbeitung erreicht werden, was für beide Seiten ein erheblicher Gewinn sein kann.

Unterschiede bei telefonischen und schriftlichen Vorgängen

Aus Sicht des Kunden wird die Erwartung im Raume stehen, dass der Mitarbeiter seinen Fall jetzt (Erreichbarkeit!) qualifiziert und schnell annimmt, ihn berät und ihm ein Gefühl von „Kümmern und Erledigen" vermittelt. Dies ist in einem schriftlichen Kontakt zeitlich etwas unkritischer.

Aus diesen Gesichtspunkten heraus ist es bei der Allokationsbildung sinnvoll, telefonische und schriftliche Vorgänge getrennt zu betrachten.

Ist es technisch möglich, die Informationswerte (Aufnahme) einer Geschäftsvorfallsbearbeitung am Telefon geeignet zu dokumentieren und darin auch unkompliziert an die bearbeitende Stelle weiterzuleiten, besteht hier auch grundlegend kein Problem mit einer nicht-fallabschließenden Bearbeitung am Telefon. Dieses technische Medium könnte ebenso für die Aufnahme der schriftlichen Vorgänge verwendet werden und die nachgelagerten Stellen würden ihre Information alle in der gleichen Form erhalten, was im Sinne eines ungestörten Arbeitsflusses von erheblichem Vorteil wäre.

Erkennung der Geschäftsvorfallskomplexität beim Eingang

Es ist zu betonen, dass die jeweilige Erkennung der Komplexitätsstufe eines eingehenden Geschäftsvorfalls simpel sein muss. Dies insbesondere unter der Zielvorstellung, dass diese Erkennung teilweise automatisiert (OCR/ICR Erkennung) ablaufen könnte.

Ansätze:

1. Eine versicherungstechnische Ausbildung oder ein ähnliches Qualifikationsniveau ist bei der Sortierstelle (Post/Registratur) nicht vorauszusetzen und wäre aus Kostengründen auch abzulehnen.

2. Nach einer kurzen Einarbeitungszeit muss es jedem durchschnittlichen Mitarbeiter möglich sein, die täglich eingehenden Briefe etc. nach dem vorgegebenen Verteilschema zu sortieren und in die definierten Teams die richtigen Briefe/Vorgänge zu leiten.

3. Die Anzahl der Verteilkriterien muss stark begrenzt werden

4. Die Kriterien sollten robust gegenüber technischen Umstellungen sein (zum Beispiel nicht zu stark auf einzelne Formulare/Datenfelder abgestellt)

5. Abgabegründe müssen die Ausnahme darstellen

6. Dinge, die man zu Beginn nicht erkennen kann, kann man auch nicht zur Verteilung heranziehen

7 Idealerweise lässt sich die Verteilsystematik auf einem Netzplan im DIN A4 Format darstellen und ohne große Fachkenntnisse interpretieren (selbsterklärend).

Bemerkung zum Schluss: Der Weg ist das Ziel

Eine Allokationsbildung ist zunächst immer ein hoch theoretischer Prozess, dessen Ergebnisse oftmals zunächst als nicht machbar, weil zu weit vom heutigen Zustand entfernt, beurteilt werden.

Erfahrungsgemäß verschwindet dieser Eindruck sehr schnell, wenn es gelingt, das Allokationsmodell in einen Stufenplan zu gießen, der schrittweise das Unternehmen nach vorne bringt.

Dieser Stufenplan kann sehr gut als Szenarienbildung dargestellt werden, das heißt, die Allokationsmodelle führen nacheinander umgesetzt zum gewünschten Zustand.

Fachliche Grundlagen zur Allokationsbildung

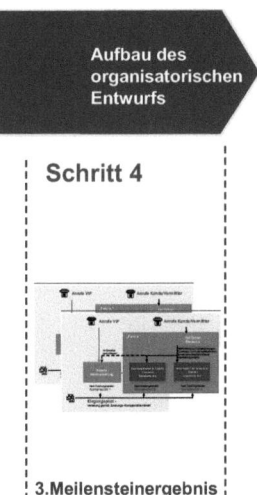

Ergebnis der Arbeiten

Abbildung 14: Ergebnisse Organisatorischer Entwurf

4.2.4 Bewertung der Entwürfe

In den meisten Fällen wird man bis zu diesem Schritt alternative Lösungsmöglichkeiten sehen, das heißt, das Allokationsmodell liegt in Szenarien vor.

Ziel der Stärken- und Schwächenbewertung

Um zu einer Entscheidung zu gelangen, welches Modell in der gegebenen Situation das Beste ist, werden die Szenarien einer Stärken-/Schwächenanalyse unterzogen.

Sollte nur ein Allokationsmodell erarbeitet worden sein, ist auch dies einer Analyse zu unterziehen, zwar nicht im Vergleich zu anderen Modellen, aber in einer Art von Qualitätskontrolle, die möglicherweise doch noch aufgrund festgestellter Schwächen zu einer alternativen Modellbildung führt.

Hierbei werden die verschiedenen Modelle an einem einheitlichen Bewertungsraster gemessen und damit auf eine direkt vergleichbare Ebene gestellt.

Auf Grund der vorliegenden Fragestellung kann die Bewertung nicht auf der Basis von „Messergebnissen" vorgenommen werden, sondern nur auf Grundlage von Erfahrungswerten, Best Practice Analysen oder Schätzungen.

Um den Ist- Zustand und die Veränderungen vom Ist- Zustand zu den alternative Allokationsmodellen erfassen zu können, empfiehlt es sich, auch das aktuelle Allokationsmodell dem Bewertungsraster zu unterwerfen. Wie wir in Abschnitt 2 gesehen haben, ist ja auch ein nicht formal strukturiertes Allokationsmodell als solches zu interpretieren.

Festlegung der Bewertungskriterien

Da die Veränderung oder Optimierung von Allokationsverfahren meist einen Hintergrund hat, der sich an strategisch-operativen Kenngrößen fest machen lässt, ergeben sich Bewertungskriterien häufig aus diesen Größen (vgl. Abschnitt 4.2.1). Diese Kriterien sind nach den individuellen Voraussetzungen und Gegebenheiten festzulegen. Beispielhaft ist die folgende Liste möglicher Bewertungskriterien:

Beispiele für mögliche Bewertungskriterien

- Senkung/Erhöhung Betriebskosten
- Senkung/Erhöhung Schadenquote, Schadenaufwand
- Senkung/Erhöhung Combined Ratio
- Neugeschäftsentwicklung,- orientierung
- Senkung/Erhöhung Stornoquote, Kündigungsquote
- Veränderung in Personalstruktur und Personalaufwand
- Umsetzungsaufwand
- Umsetzungsdauer (auch in Realisierungsstufen)
- Kundenorientierung, Servicequalität (Erreichbarkeit, Individuelle Betreuung)
- Arbeitsrückstand, Durchlaufzeiten
- Flexibilität bei Veränderung der Marktbedingungen (Steuerungsfähigkeit)
- Sicherheit und Störanfälligkeit der Prozesse
- Mitarbeiterzufriedenheit, Fluktuation

Für Aufgabenstellungen, die nur einen begrenzten Fokus der organisatorischen Maßnahmen haben (zum Beispiel im Call Center) können auch detailliertere Bewertungskriterien herangezogen werden:

- Senkung/Erhöhung Reklamationsquoten
- Senkung/Erhöhung Telefonische Fallabschlussquote
- Senkung/Erhöhung Wartezeit Call Center

Bewertung der verschiedenen Allokationsmodelle

Im Rahmen der Bewertung der alternativen Allokationsmodelle wird nun für jedes Bewertungskriterium geprüft, inwieweit dieses durch das Allokationsmodell erfüllt wird.

Das Ergebnis dieser Prüfung wird dann in einer Tabelle „Stärken-/ Schwächenanalyse" zusammengefasst und kann somit die Grundlage für eine fundierte Auswahl des am besten geeigneten Allokationsmodells sein. Das folgende Beispiel zeigt die Darstellung einer Stärken-/Schwächenanalyse. (leerer Kreis= 0 Punkte bis gefüllter Kreis = 4 Punkte)

Fachliche Grundlagen zur Allokationsbildung

Darstellung einer Stärken-/Schwächenanalyse				
Kriterien	Szenario 1	Szenario 2	Szenario 3	Szenario 4
Betriebskosten	◖	◐	◕	●
Schadenquote, Schadenaufwand	◐	●	○	◖
Neugeschäftsentwicklung, -orientierung	●	○	◕	◖
Personalstruktur/ -aufwand	◐	◕	◖	●
Umsetzungsaufwand	◐	◕	◐	◕
Umsetzungsdauer	●	◖	◐	◐
Kundenorientierung, Servicequalität	◐	◐	◕	◐
Arbeitsrückstand, Durchlaufzeiten	◕	◐	◐	◐
Flexibilität bei Veränderung der Marktbedingungen (Steuerungsfähigkeit)	◕	◖	◕	◖
Sicherheit und Störanfälligkeit der Prozesse	◖	◖	◐	◐
Punktbewertung	**24**	**19**	**21**	**22**

Abbildung 15: Beispiel Stärken-/Schwächenanalyse

4.3 Zusammenfassung der erreichten Ergebnisse der Allokationsbildung

Von der strategischen Klärung bis zum bewerteten Entwurf haben wir nun eine Reihe von Ergebnisdokumenten vorliegen:

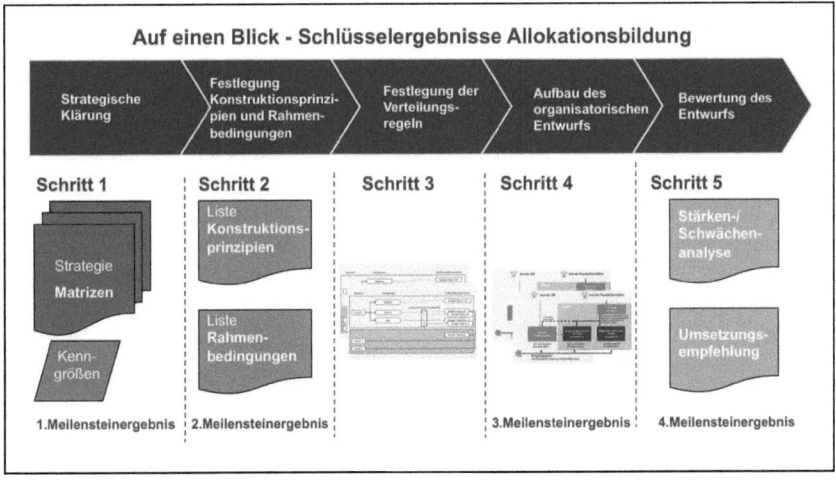

Abbildung 16: Schlüsselergebnisse Allokationsbildung

Die erste Phase der Allokationsbildung ist nun abgeschlossen. Zur Verdeutlichung und Vertiefung des bisher Ausgeführten wird auf die Fallstudien des nächsten Kapitels verwiesen.

5. Verschiedene Allokationsmodelle

5.1 Vorbemerkungen

In diesem Kapitel werden verschiedene Allokationsmodelle vorgestellt, die sich als Ausgangspunkt für eine eigene Erarbeitung und zur Illustration der in den vorangegangenen Abschnitten ausgeführten Ansätze eignen. *Inhalt*

Naturgemäß bewegen sich die verschiedenen hier vorgestellten Allokationsmodelle auf einem relativ allgemein gehaltenen Niveau, da sie sich nicht an einer ausführlichen Problembeschreibung eines Unternehmens ausrichten, sondern eher repräsentativen Charakter für bestimmte, häufig auftretende Zielvorstellungen darstellen. *Charakter der Fallstudien*

Wir unterlegen diese Ausführungen mit der Beschreibung von drei Versicherungsunternehmen, die sich aus unterschiedlicher Perspektive mit der Anforderung einer neuen Allokation konfrontieren. Die Wahl der Problemstellungen und die Ausprägung des Unternehmens sind dabei beispielhaft.

Das erste Fallbeispiel wird ausführlicher dargestellt, um die in den vorangegangenen Kapiteln erläuterte Methode besser illustrieren zu können. Für die Fälle 2 und 3 werden mögliche Allokationsmodelle dargestellt, die sich unter den jeweils gegebenen strategischen Problemstellungen als Lösung ergeben können. Diese sollen den Leser zu weiteren kreativen Modellbildungen anregen, aber nicht mehr die Methode des Herangehens an die Allokationsbildung verdeutlichen. *Beschreibung der Fallstudien*

Alle hier aufgeführten Beispiele beziehen sich auf mittlere bis größere Versicherer, die sowohl im Schaden- als auch im Leben- und Krankenversicherungsbereich als Erstversicherer auftreten. *Eingrenzung der beschriebenen Versicherer*

5.2 Allokationsbildung nach Studienfällen

5.2.1 Fall 1 - Neugeschäftsboom

5.2.1.1 Strategische Klärung

Das Versicherungsunternehmen 1 bringt als erster Wettbewerber in dem nächsten halben Jahr eine komplett neue, umfassende Produktlinie im Bereich Leben auf den Markt. Es handelt sich um ein neues Produkt, für das erheblicher Bedarf *Fall 1 - Neugeschäftsboom* prognostiziert wird, und alle anderen Wettbewerber liegen in dieser Produktinnovation erheblich weiter hinten.

Die zu erwartende Erhöhung des aktuellen Bearbeitungsvolumens beträgt in der Prognose im ersten Jahr bereits 20% aller Spartenvorgänge, noch höhere Steigungsraten werden für die darauf folgenden Jahre gesehen. Die Bearbeitung der jetzigen Geschäftsvorfälle geschieht für die Gruppenverträge in der Zentrale, die Einzelverträge werden dezentral bearbeitet.

Aufgrund der Schnelligkeit, mit der das Produkt auf den Markt gebracht werden soll, ist die Verarbeitungsmöglichkeit für das hinzukommende Volumen eine dringliche und eigentlich schon zu spät angegangene Aufgabe.

Strategische Kernaussage Fall 1

Die strategische Grundaussage ist zunächst, dass das Produkt schnellstens auf den Markt gebracht werden muss. Eine Variante dieser Aussage im Sinne eines Konstruktionsprinzips ist hier also nicht gegeben, es handelt sich dabei um eine nicht mehr diskutierbare Rahmenbedingung. Es werden für die Bearbeitungsprozesse des neuen Produktes die folgenden Risiken gesehen:

- mangelnde Risikoprüfung (Gesundheit, persönliche Daten,..) aufgrund eines nicht mehr zu bewältigenden Volumens
- zu lange Antragszeiten (Kunde springt ab)
- Schwierigkeiten mit den Firmen, die das Produkt im Rahmen der betrieblichen Altersversorgung verwenden sollen (aufgrund eines schlechten Services)
- aufgrund des Pricings muss dieses Produkt kostengünstiger verarbeitet werden können als die alten Produkte

Welche strategischen Varianten haben wir in diesem Fall?

1. Schnelligkeit auf den Markt zu kommen, vs. langfristige Profitabilität des neuen Produkts - fällt weg siehe vorher
2. Die Investitionskosten in den ersten beiden Jahren vs. Profitabilität des neuen Produktes

Wenn man hier von Profitabilität spricht, ist in dem Fokus gemeint:

- ⊃ Wie hoch ist die langfristige Leistungsquote (gute Risiken?)
- ⊃ Wie hoch ist die sonstige Kostenquote minus Vertriebskosten (die letzteren werden hier nicht betrachtet)
- ⊃ Das Pricing selber sei hier als Rahmenbedingung gesehen und unterliegt nicht mehr der strategischen Diskussion

Verschiedene Allokationsmodelle

Das heißt, zunächst muss diskutiert werden, welche strategischen Handlungsempfehlungen sich aus dem Gegensatz:

(mittel-/langfristige) Kostenquote vs. (kurzfristige) Investitionskosten

ergeben. Dazu wird das 1/1 Strategie Portfolio gebildet:

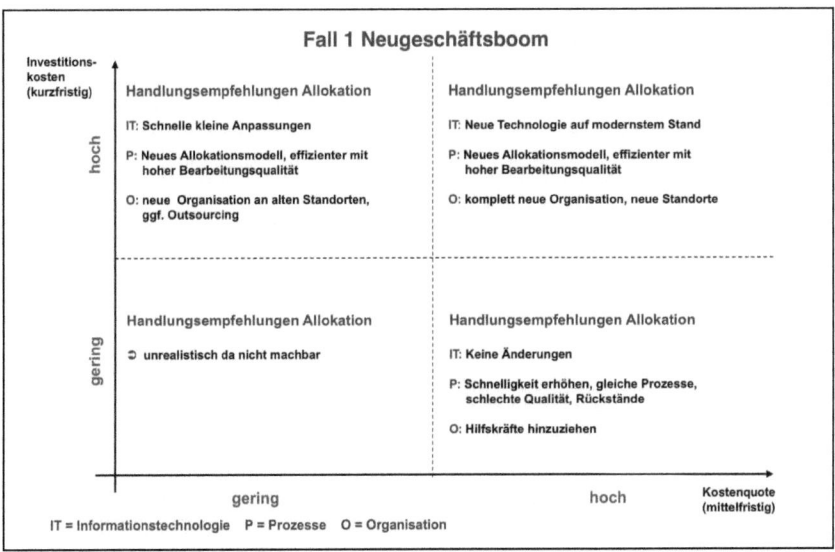

Abbildung 17: 1/1 Strategie Portfolio Fall 1

Stichworte zur Bewertung der Matrix:

- Variante links unten entfällt, da nicht realistisch

- Variante unten rechts ist die oft praktizierte Methode, wenn der Zeithorizont nicht mehr ausreicht. Effekt: Die Mitarbeiterzufriedenheit sinkt massiv, Chaos macht sich breit, hohe Rückstände sammeln sich an, die Schnelligkeit bei der Antragsausfertigung/Policierung wird immer geringer, der Kunde ist unzufrieden, der Außendienst auch.

- Variante oben rechts ist die „Best of all Worlds" Variante, nach dem Motto: „Jetzt machen wir es mal grundlegend richtig". Diese Variante kann funktionieren, wenn der langfristige Nutzen abgesichert ist und es nicht auf eine mittelfristige hohe Profitlage ankommt (was eher selten ist). Überdies ist hier aber mit einem erheblichen Synergieeffekt für die anderen Produkte zu rechnen, was die Profitabilität insgesamt massiv erhöhen könnte.

- Variante links oben ist der nüchterne Zugang: „Wir tun das, was nötig ist, um sowohl die Investitionskosten geringer zu halten, als auch die Kostenquote nicht explodieren zu lassen, klar und strukturiert, aber nur das".

Nach Abwägung und ggf. noch hinzuzuziehenden neuen Rahmenbedingungen gehen wir jetzt im weiteren von der folgenden Diskussion aus:

Die Variante rechts unten wird als hohes Risiko gesehen, da die Arbeitsbelastung der Mitarbeiter schon ohne das neue Produkt relativ hoch ist. Darüber hinaus hat man eine ähnliche Erfahrung bereits hinter sich und will es dieses Mal besser machen.

Die Variante rechts oben wird heftig diskutiert, es wird nach einiger Zeit klar, dass jetzt der falsche Zeitpunkt ist, um über grundlegende technische Veränderungen nachzudenken, da hier keine IT-Ressourcen mehr frei sind, um weitere Initiativen zu stemmen. Außerdem wird angezweifelt, dass der langfristige Nutzen hier so groß sein kann, wie man es zur Rechtfertigung einer so hohen Anfangsinvestition bräuchte. Der Zeithorizont ist insgesamt so knapp bemessen, dass man es ohnehin nicht mehr schaffen würde, einen solchen Umschwung auch nur im ersten Release hinzubekommen. Man bedauert an dieser Stelle, nicht schon früher angefangen zu haben.

Die Variante links oben erscheint den Entscheidern schließlich als der sinnvollste Zugang. Jetzt wird heftig diskutiert, was diese Variante denn im Einzelnen bedeuten würde.

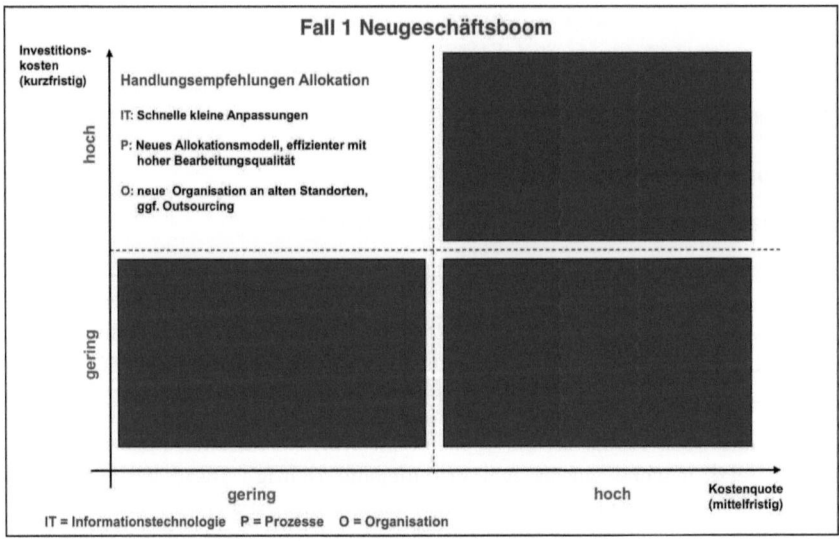

Abbildung 18: Entscheidung 1/1 Strategie Portfolio Fall 1

Verschiedene Allokationsmodelle

Nach einiger Diskussion haben wir eine grobe Zielaussage erarbeitet:

1. Es wird ein begrenztes IT-Budget zur Verfügung gestellt, um die neue Organisation technisch unterstützt umzusetzen
2. Ein neues Allokationsmodell wird erstellt, um die erhöhte Arbeitsbelastung auf organisatorisch optimale Weise zu verteilen
3. Eine **insgesamt** neue Allokation soll darüber hinaus Synergieeffekte auch für die alten Produkte erzeugen, dies aber ggf. in einem nächsten Releaseschritt (mittelfristige Kostensenkung um 5%)

Aus dem neuen Allokationsmodell soll eine neue Teamstruktur erarbeitet werden. Die bestehenden Standorte und Abteilungen sollen aber möglichst nicht großräumig verändert werden.

Die folgenden Kennzahlen werden als maßgeblich definiert:

1. Investitionsvolumen
2. Kostenquote für die operativen Einheiten Antrag/Betrieb und Leistung
3. Leistungsquote für die alten Produkte
4. Leistungsquote für das neue Produkt (nicht unbedingt kurzfristig aussagefähig wegen langer Laufzeit der Produkte)

Ergebnisse Kennzahlen

Abschließend wird noch über die Ausprägung der Kenngrößen diskutiert. Welche Zielbestimmungen sind nach dem bisher erreichten Diskussionsstand hier relevant?

Stichpunkte zu den Kennzahlen

- Die Betriebskosten müssen insgesamt so gesenkt werden, dass im ersten Jahr trotz 20-%iger Erhöhung der Anzahl der Geschäftsvorfälle keine Erhöhung der Planstellen vorgenommen werden muss
- Die Qualität bei der Risikoprüfung darf nicht verringert werden (Leistungsquote bleibt oder wird besser)
- Das Investitionsvolumen für IT Änderungen, Projektarbeiten, Infrastrukturmaßnahmen, Mitarbeitereinstellungen, ... darf X € nicht überschreiten

An dieser Stelle ist die strategische Vorbereitung erarbeitet worden und wird als solche ggf. noch mit anderen Beteiligten abgestimmt und festgehalten.

Die weiteren Arbeiten sind jetzt im Rahmen einer Projektarbeit durchzuführen und erst nach Modellierung des groben Zielmodells im Sinne eines Meilensteins zurück an die Entscheider zu lenken.

5.2.1.2 Festlegung Konstruktionsprinzipien und Begrenzungen

Die Projektarbeit wird nun im Detail aufgenommen. Die zu lösende Aufgabe lautet:

- Welches Allokationsmodell passt dem Grunde nach auf die strategische Zielsetzung und die benannten Kenngrößen?
- Kann ein solches Modell im Rahmen der strategischen Zielsetzung auch so umgesetzt werden?

Als erstes Ergebnis soll aus der strategischen Zielsetzung und den bestimmten Kenngrößen eine Reihe von passenden Konstruktionsprinzipien ausgewählt werden, um damit die Modellierung anzugehen.

Zunächst werden die Eigenschaften der bestehenden Allokationsbildung im Unternehmen untersucht, um die impliziten Konstruktionsprinzipien (KPs) auflisten zu können.

Workshop veranstalten

Es wird zu einem ganztägigen Workshop eingeladen. Die Teilnehmer:

- 1 aus Produktentwicklung Leben
- 2 aus Antrags-/Bestandsbearbeitung Einzelpolicen
- 2 aus Antrags-/Bestandsbearbeitung Gruppenverträge
- 1 aus Vertriebsunterstützung betriebliche Altersversorgung
- 1 aus Betriebsorganisation
- 4 Projektmitarbeiter

Ein Moderator führt durch die Veranstaltung, der Projektleiter hat die Verantwortung.

Ablauf des Workshops

Der Moderator leitet in das Thema ein, gibt einen Überblick über die strategischen Ziele und beschreibt die methodische Vorgehensweise des Workshops.

Jetzt wird zunächst kontrovers diskutiert, wo überhaupt das Problem liegt und ob ein neues Allokationsmodell hier zur Problemlösung beiträgt. Uneinigkeit besteht bei der Frage, ob eine 20%-ige Steigerung des Arbeitsvolumens kurzfristig auf die vorgeschlagene Weise bewältigt werden kann und, ob man nicht einfach mehr Personal einstellen und das neue Produkt in der Zentrale nach altem Muster verarbeiten sollte.

Die Kostenstruktur der zentralen Bearbeitung durch sehr hoch qualifizierte Mitarbeiter und die damit von vornherein als unprofitabel einzustufende neue Produktlinie spricht aber absolut dagegen. Nach einiger Zeit wird mehrheitlich festgestellt, dass die aus Strategiesicht gewählte Vorgehensweise sinnvoll ist.

Der Workshop wird mit einer ersten Arbeitssitzung weitergeführt.

In dieser ersten Session des Workshops werden die Eigenschaften für eine neue Allokation gesammelt.

Workshop Session I
Aufstellen der Eigenschaften

Die folgenden Eigenschaften wurden gefunden, ob es KPs sind, muss noch untersucht werden:

1. Trennung nach Produkt/Einzelvertrag/Gruppenvertrag
2. Generelle Trennung von Antrag, Betrieb und Leistung
3. Teilweise Zielgruppenorientierung/Kundenorientierung
4. Dezentrale Bearbeitung
5. Teilweise Automatisierung der Verteilungsarbeiten
6. Arbeitsverteilung ist nach Regionentrennung volumengesteuert
7. Telefonisch eingehende Geschäftsvorfälle landen meistens vor Ort in der bearbeitenden Einheit oder auch in einer dezentralen Telefon-Einheit
8. Der Außendienst/die Agenturen haben feste Ansprechpartner in Antrag/Betrieb und Leistung
9. Der Privatkunde wird auf eine dezentrale Tel.-Nr. geleitet (durch Aufdruck auf Police o.ä.) oder wendet sich an den Außendienst
10. Der Firmenkunde wendet sich an einen zuständigen Mitarbeiter in der Zentrale
11. Die schriftlichen Vorgänge werden erst bearbeitet und dann elektronisch archiviert
12. Die schriftlichen Eingänge landen meistens am Ort der späteren Bearbeitung (dezentrale Standorte), da deren Postadresse auf der Police aufgedruckt ist, bei Firmenkunden in der Zentrale

Um aus dieser Liste der Eigenschaften diejenigen auswählen zu können, die sich als Konstruktionsprinzip eignen, ist jede dieser Eigenschaften in der nächsten Session zu untersuchen. Das Projektteam hat nach eingehender Analyse die folgenden der oben beschriebenen Eigenschaften als Vorlage für geeignete Konstruktionsprinzipien identifiziert.

Workshop Session II
Prüfung der Ergebnisse

Warum?	Konstruktionsprinzipien
1. Heute wird Trennung bei Bearbeitung von Einzellebenprodukt und Gruppenlebensversicherungen praktiziert, egal ob Vorgang komplex ist oder nicht. Diese heutige Trennung erscheint ineffizient aus Kostengesichtspunkten (teuere Experten vs. normale Sachbearbeiter). 2. Es gilt hier ein neues Produkt mit spezifischen Bearbeitungsregeln einzuführen, d.h. die Frage nach Trennung der Bearbeitung von altem und neuem Produkt ist zu entscheiden.	**Konstruktionsprinzip** KP-5.2.1: Trennung nach Produkt/Vertragsebene Kurzbeschreibung KP-5.2.1 Die Bearbeitung vorbestimmter Arten von Geschäftsvorfällen (z.B. Antragsprozess) in für die Produkte/Vertragsebene getrennten Teams ist in der maximalen Skalierung im Szenario hoch (ausschließlich gemeinsame Bearbeitung) oder in der minimalen Skalierung gering (keine gemeinsame Bearbeitung). Merkmalsausprägungen — Skalierung Szenario C Ⓐ keine übergreifende Bearbeitung — 20% übergreifend — 50% übergreifend — 70% übergreifend — Ⓑ ausschließlich übergreifende Bearbeitung Beispiele Ⓐ Szenario A: Vorgänge werden nach Produkt bzw. getrennt nach Gruppen- und Einzelvertrag in unterschiedlichen Teams bearbeitet Ⓑ Szenario B: Vorgänge werden für alle Produkte/Ebenen in einem Team bearbeitet Ⓒ Szenario C: 70% der Vorgänge werden übergreifend durch ein Team bearbeitet Abbildung 19: KP Trennung nach Produkt/Ebene
1. Heute wird Antrag/ Vertrag/ Leistung getrennt bearbeitet. Die betreffenden dezentralen Einheiten sind teilweise sehr klein. 2. Um das erwartete Antragsvolumen des neuen Produkts (Antrag sehr hoch zu Beginn, Vertrag und Leistung zu Beginn geringer belastet) in angemessener Zeit bearbeiten zu können, soll die maximale Mannschaft genutzt werden, also ggf. auch die Mitarbeiter aus dem Vertrags- und Leistungsbereich.	**Konstruktionsprinzip** KP-5.2.2: Trennung von Antrag, Vertrag und Leistung Kurzbeschreibung KP-5.2.2 Die Zuteilung der Bearbeitung von Geschäftsvorfällen richtet sich danach, ob der Vorfall den Bereichen Antrag, Vertrag oder Leistung zuzurechnen ist. In der minimalen Skalierung bedeutet dies keine Trennung und in der maximalen Skalierung eine strikte Trennung zwischen allen drei Bereichen. Merkmalsausprägungen — Skalierung Szenario C Ⓐ keine Trennung — 67% Bearbeitung getrennt — Ⓑ Vollständige Trennung Beispiele Ⓐ Szenario A: Keine Trennung der Vorfälle nach Antrag, Vertrag oder Leistung Ⓑ Szenario B: Antrag, Vertrag und Leistung bleiben getrennt Ⓒ Szenario C: 67% der Vorfälle werden getrennt bearbeitet Abbildung 20: KP Trennung von Antrag, Vertrag und Leistung

Verschiedene Allokationsmodelle 57

Warum?	Konstruktionsprinzipien
1. Heute wird nach Firmenkunden und Privatkunden unterschieden. 2. Für das neue Produkt bestehen die Zielgruppen in großen Firmenkundenvertretern und großen Maklern, aber auch in besonderem Maße in den versicherten Personen (Mitarbeiter) als „Normalkunden", sowie den Privatkunden. 3. Servicequalität muss stimmen, sie darf aber keine hohen Kosten verursachen.	**Konstruktionsprinzip** KP-5.2.3: Zielgruppenorientierung Kurzbeschreibung KP-5.2.3 Die Zuteilung der Bearbeitung vorbestimmter Arten von Geschäftsvorfällen richtet sich nach Zielgruppe der der Kunde zugerechnet wird. (Firmenkunde groß, Firmenkundenmakler, Privatkunde) Merkmalsausprägungen — Skalierung Szenario C Ⓐ keine Zielgruppenorientierung — 1 Zielgruppe wird alleine bearbeitet — Ⓒ 2 Zielgruppen werden getrennt bearbeitet — Ⓑ Alle Vorgänge werden nach Zielgruppen zugeteilt Beispiele Ⓐ Szenario A: Alle Zielgruppen werden in den gleichen Teams bearbeitet Ⓑ Szenario B: Alle definierten Zielgruppen werden von unterschiedlichen Teams bearbeitet Ⓒ Szenario C: Für 2 Zielgruppen erfolgt die Bearbeitung in eigenen Teams Abbildung 21: KP Zielgruppenorientierung
1. Heute wird dezentral (Privatkunden) und zentral (Firmenkunden) gearbeitet. 2. Das neue Produkt muss mit einer deutlich verbesserten Prozesskostenquote arbeiten als die vorhandenen Produkte. Die Prozesskosten der heutigen Bearbeitung in der Firmenzentrale sind, auf Grund der hohen Qualifikation der Mitarbeiter, zu hoch. 3. Es könnten Synergieeffekte bei komplett zentraler Bearbeitung (Industrialisierung) genutzt werden, wenn die regionalen Standorte aufgelöst würden.	**Konstruktionsprinzip** KP-5.2.4: Zentrale Bearbeitung Kurzbeschreibung KP-5.2.4 Die zentrale Bearbeitung der Geschäftsvorfälle ist in der maximalen Skalierung im Szenario hoch (komplette Zentralisierung) oder in der minimalen Skalierung gering (Verteilung auf alle 9 regionalen Standorte + Zentrale). Merkmalsausprägungen — Skalierung Szenario C Ⓐ Zentrale — 5 Standorte — Ⓒ 7 Standorte — Ⓑ Alle 10 Standorte Beispiele Ⓐ Szenario A: Alle Geschäftsvorfälle gehen zentral ein und werden zentral bearbeitet bis zu Regulierung Ⓑ Szenario B: Fast alle GeVo's gehen in 9 Verwaltungsstellen dezentral ein und werden dort endbearbeitet, Rest in Zentrale Ⓒ Szenario C: Die Bearbeitung ist auf 7 Standorte verteilt Abbildung 22: KP Zentrale Bearbeitung

Warum?	Konstruktionsprinzipien
1. Heute besteht teilweise Trennung von Telefonie und Postbearbeitung. 2. Häufig auftretende Standardvorgänge können durch ein Telefon-Service Center effizient abgewickelt werden. Außerdem kann eine gezielte Weiterleitung der übrigen Vorgänge in dieser Einheit durchgeführt werden. Die Belastung hochqualifizierter Mitarbeiter mit Telefonie sinkt (Kosteneffekt). 3. Servicequalität ist erhöht, wenn der Kunde einen speziell für Telefonie ausgebildeten Bereich anrufen kann.	**Konstruktionsprinzip** KP-5.2.5: Trennung von telefonischen und schriftlichen Vorgängen **Kurzbeschreibung KP-5.2.5** Die Zuteilung der Bearbeitung vorbestimmter Arten von Geschäftsvorfällen richtet sich danach, ob die Kommunikation vom Kunden über Telefon oder schriftlich erfolgt. In der minimalen Skalierung erfolgt keine Trennung, in der maximalen Skalierung werden alle telefonischen Vorgänge z.B. von einem Call Center aufgenommen und bearbeitet. Merkmalsausprägungen — Skalierung Szenario C Ⓐ———|———Ⓒ———|———Ⓑ Keine Trennung — 33% Bearbeitung im Call Center — 67% Bearbeitung im Call Center — 100% Bearbeitung im Call Center **Beispiele** Ⓐ Szenario A: Alle telefonischen Vorgänge werden direkt an die Sachbearbeiter geleitet Ⓑ Szenario B: Alle telefonischen Vorgänge werden im Call Center bearbeitet Ⓒ Szenario C: 67% der telefonischen Vorgänge werden im zuerst im Call Center bearbeitet Abbildung 23: KP Trennung von telefonischen u. schriftlichen Vorgängen
Warum?	**Diese Konstruktionsprinzipien ENTFALLEN:**
Heute wird die Arbeitsverteilung innerhalb der regionalen Verwaltungsstellen nach Antrag und Betrieb aufgeteilt und danach regional zugeordnet auf Sachbearbeiter. Es wird über eine neue Art der Arbeitsverteilung nachgedacht. Es wird beschlossen, dieses Konstruktionsprinzip fallen zu lassen, d.h. hier den Regler auf 0=keine Verteilung nach Region zu stellen. Damit wird eine neue Rahmenbedingung geschaffen.	KP -5.2.5a- Verteilung nach Region ENTFÄLLT

Verschiedene Allokationsmodelle 59

Es wird beschlossen, dass die Trennung von Kunden- und Agenturfragen beibehalten werden soll, da ansonsten gerade bei dem neuen Produkt keine Akzeptanz im Außendienst zu erreichen sei. Es wird eine weitere neue Rahmenbedingung gesetzt.	KP-5.2.7a- Trennung von Kunden gegenüber Agenturanfragen ENTFÄLLT
Dieses Konstruktionsprinzip hängt zusammen mit der Trennung von Einzel- und Gruppenverträgen (KP -5.2.1-) und wird darin mitgestaltet.	KP -5.2.8a- Trennung von Firmen- und Privatkunden ENTFÄLLT

Lange diskutiert wird bei dem Thema Automatisierung.

◯ Handelt es sich hier um ein Konstruktionsprinzip oder um eine Rahmenbedingung?

Die IT Investitionen wurden in der Höhe vorgegeben und lassen keinesfalls die Einführung eines übergreifendes Workflow Managements oder ähnlich Komplexes zu. Das Team entscheidet sich, das Thema Automatisierung nicht als KP zu verwenden, sondern die IT Investitionen als Rahmenbedingung zu verwenden, wo immer sie maßgeblich betroffen sind.

Das Projektteam überprüft noch einmal die Konstruktionsprinzipien und ist der Meinung, dass diese fünf übrig gebliebenen korrekt ausgewählt wurden.

Aber das Team stellt auch fest, dass die heutige Arbeitsverteilung noch zu wenig Struktur zu einer übergreifenden Allokation im Sinne der Aufgabenstellung liefert. Insbesondere erscheint noch kein übergeordnetes Konstruktionsprinzip erkennbar zu sein, das die Designbildung beflügeln würde. Es wird also weiter gearbeitet, um hier die Konstruktionsprinzipien um kreative Ansätzen zu bereichern.

Dabei werden die folgenden beiden zusätzlichen Konstruktionsprinzipien gefunden:

Warum?	Konstruktionsprinzipien
1. Dieses KP wird bisher nicht angewendet. 2. Die Komplexität eines Vorgangs ist der dominierende Faktor für das zugeordnete Qualifikationsniveau des ausführenden Personals. 3. Prozesseffizienz steigt, da Vorgänge gleichartig sind. 4. Fehlerquoten sinken, die Sicherheit steigt. 5. Flexibilität bei Einführung neuer Produkte erhöht sich.	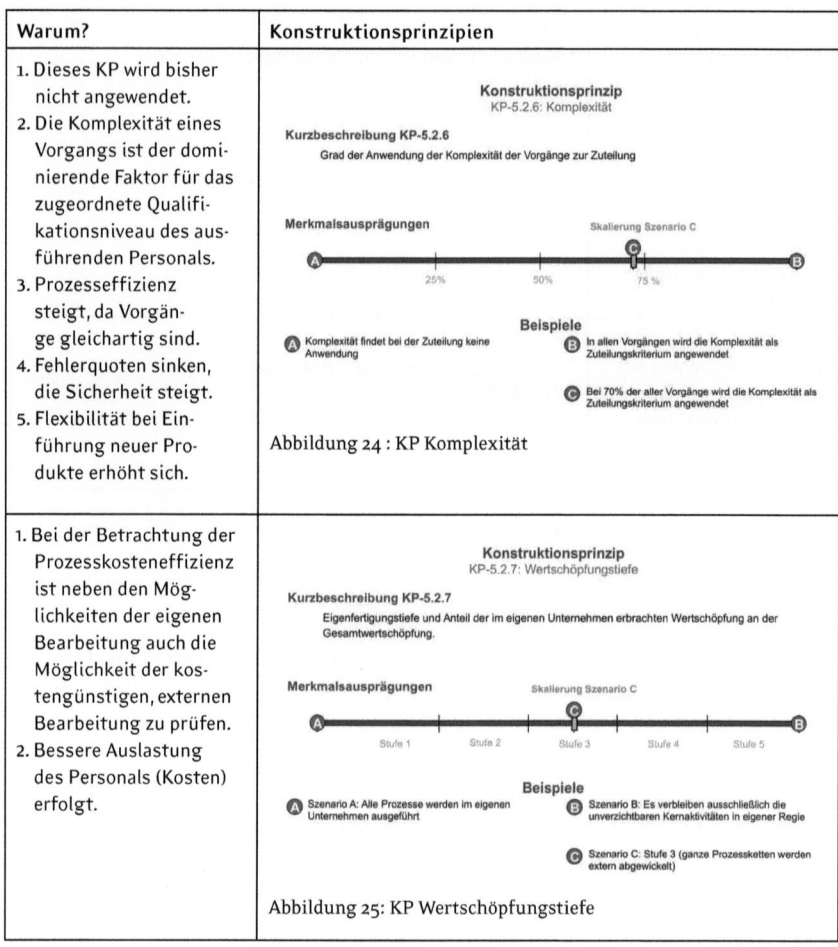 Abbildung 24: KP Komplexität
1. Bei der Betrachtung der Prozesskosteneffizienz ist neben den Möglichkeiten der eigenen Bearbeitung auch die Möglichkeit der kostengünstigen, externen Bearbeitung zu prüfen. 2. Bessere Auslastung des Personals (Kosten) erfolgt.	Abbildung 25: KP Wertschöpfungstiefe

5.2.1.3 Erarbeitung der Verteilungsregeln Fall 1 Neugeschäftsboom

Die Konstruktionsprinzipien wurden im Nachgang zu dem Workshop als Folien noch einmal aufgearbeitet und liegen im Raum aufgehängt vor. Ebenso die festgehaltenen Rahmenbedingungen.

Das Projektteam und zwei Vertreter aus der operativen Bearbeitung Leben veranstalten eine 1-tägige Arbeitssitzung, in der Ideen für die Verteilung erarbeitet werden sollen.

Das ursprüngliche Ziel wird zunächst noch einmal ins Bewusstsein gerufen und an ein Flip Chart geschrieben:

Verschiedene Allokationsmodelle

- Wir suchen eine Verteilungslogik, die das neue Produkt sinnvoll eingliedert
- Der 20%-ige Mehraufwand im ersten Jahr soll möglichst ohne neue Stellenbesetzungen bewältigt werden
- Wir müssen die neue Verteilung schnell umsetzen können
- Wir wollen die Standorte verändern, aber nicht schließen
- Es muss alles ohne große IT-Investitionen machbar sein

Als erstes wird die Startallokation (heutiger Zustand) erarbeitet:

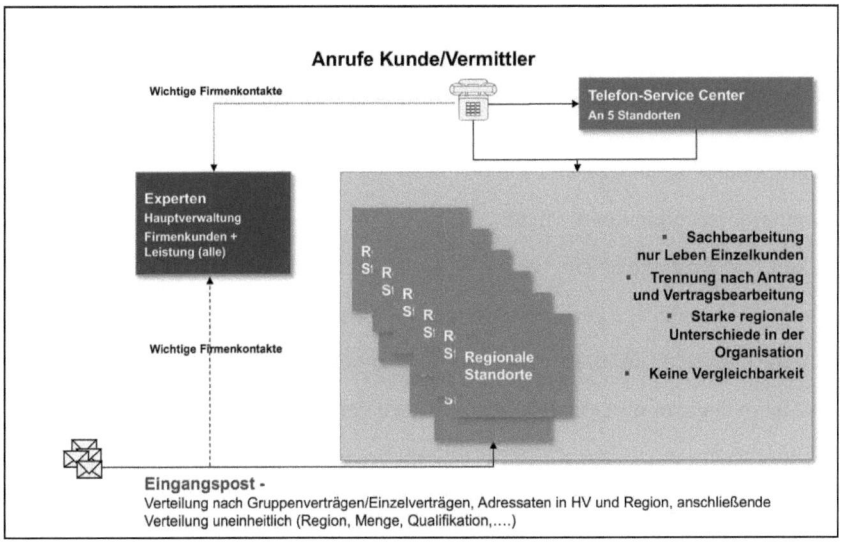

Abbildung 26: Startzustand Allokationsbildung Fall 1

Das Projektteam geht nun die definierten Konstruktionsprinzipien durch und „regelt" die Zeiger auf den Startzustand.

Es wird bemerkt, dass die heutige Situation am ehesten in der extremen Regelung (links oder rechts außen) zu finden ist, das heißt, hier ist entsprechendes Änderungspotenzial zu erwarten.

Bei diesem Regelungsprozess beginnt im Team eine Analyse darüber, warum diese heutige Organisation verbesserungswürdig ist.

Es ist bekannt, dass die Qualifikation in der Direktion („Experten Hauptverwaltung") extrem hoch ist, hier sind fast ausschließlich Akademiker oder Personal mit vergleichbaren Abschlüssen tätig. Darüber hinaus ist hier eine hohe Akzeptanz von Schulungen, Tagungen etc. gegeben und der hohe Qualitätsstandard ist Teil der Identität. Über Mengen und Stückzahlen wird hier bei der eigenen Arbeit nicht gesprochen. Der Kundenkontakt auf Firmenkundenebene ist ausgiebig und gut, auch da, wo der dafür notwendige Aufwand nicht mehr in Relation zur Prämie steht.

In den regionalen Standorten ist das Personal überwiegend gut, aber nicht sehr gut ausgebildet und wird vorwiegend nach den Stückzahlvorgaben gesteuert.

Bei der Analyse der Arbeitsarten, die in der Direktion bearbeitet werden, wird klar, dass hier generell alles gemacht wird, was nicht zum normalen Einzellebenvertrag gehört. Dies beinhaltet zum Beispiel auch die Erfassung von neuen Risiken (Personendaten) bei monatlicher Meldung des Arbeitgebers und ähnlich wenig anspruchsvolle Aufgaben. Diese Aufgaben nehmen einen erheblichen Anteil der Arbeitszeit in Anspruch. Auf der anderen Seite würde durch den ursprünglichen Ansatz, das neue Produkt vollständig in der Direktion zu bearbeiten, dieses Mengenverhältnis noch wesentlich mehr in Richtung niedrig komplexer Arbeit gehen, da das Bedingungswerk des neuen Produkts auf Rahmenvertragsebene recht simpel ist.

Es wird darüber nachgedacht, wie man diesen Missstand nutzen könnte, um hier zu einer kostengünstigeren Produktion zu gelangen.

Szenario 0 Man hat jetzt folgendes erreicht:

- ein erstes Szenario (0)
- eine dazugehörige geregelte Menge von Konstruktionsprinzipien
- eine erste Idee, wo der Grundpfeiler einer neuen Verteilung liegen könnte

Erste Ziel-Szenariobildung Das Team beginnt nun, die Regler kreativ zu verschieben.

Zwischenergebnis I Die Regler der einzelnen Konstruktionsprinzipien werden aufgrund des neuen Ansatzes in der folgenden Weise justiert (zum Vergleich die Regler aus der heutigen Situation).

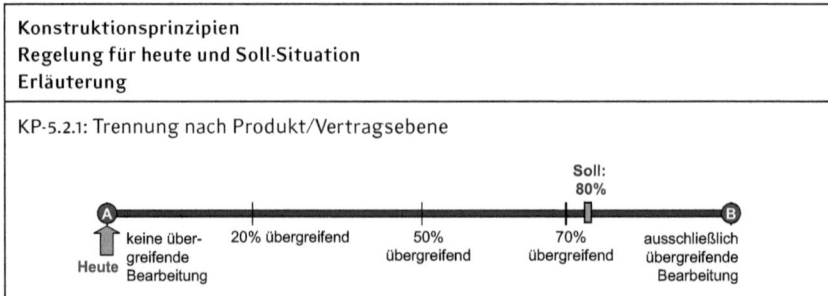

Verschiedene Allokationsmodelle

KP-5.2.2: Trennung von Antrag/ Vertrag und Leistung

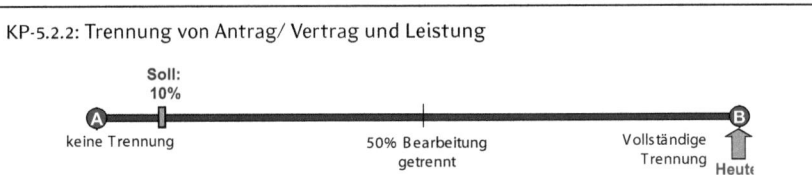

Die strikte Trennung nach Antrag, Vertrag und Leistung wird auf die Trennung von Leistungsbearbeitung und dem Antrags-/Vertragsbereich reduziert.

KP-5.2.3: Zielgruppenorientierung

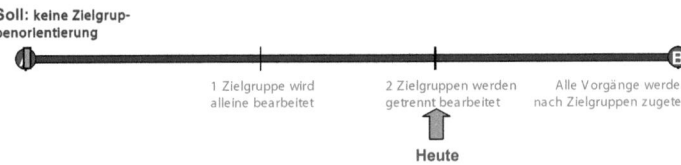

Die separate Bearbeitung der beiden Zielgruppen große Firmen/große Maklerkunden und Privatkunden wird aufgegeben. Stattdessen erfolgt auch hier die Verteilung auf der Basis der Komplexität.

KP-5.2.4: Zentrale Bearbeitung

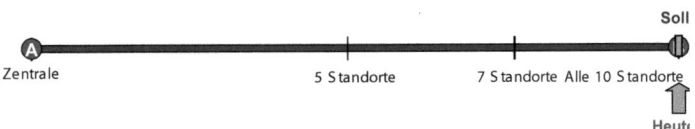

Aufgrund der engen Vorgabe (keine großräumige Veränderung der Standorte) und der Entscheidung für die Leistungsbearbeitung im bestehenden Umfeld bleiben alle Standorte bestehen.

KP-5.2.5: Trennung von telefonischen und schriftlichen Vorgängen

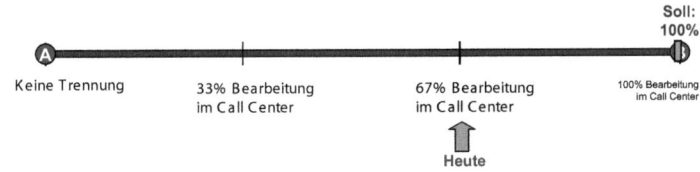

Eingehende telefonische Vorgänge werden grundsätzlich ins Call Center geleitet.

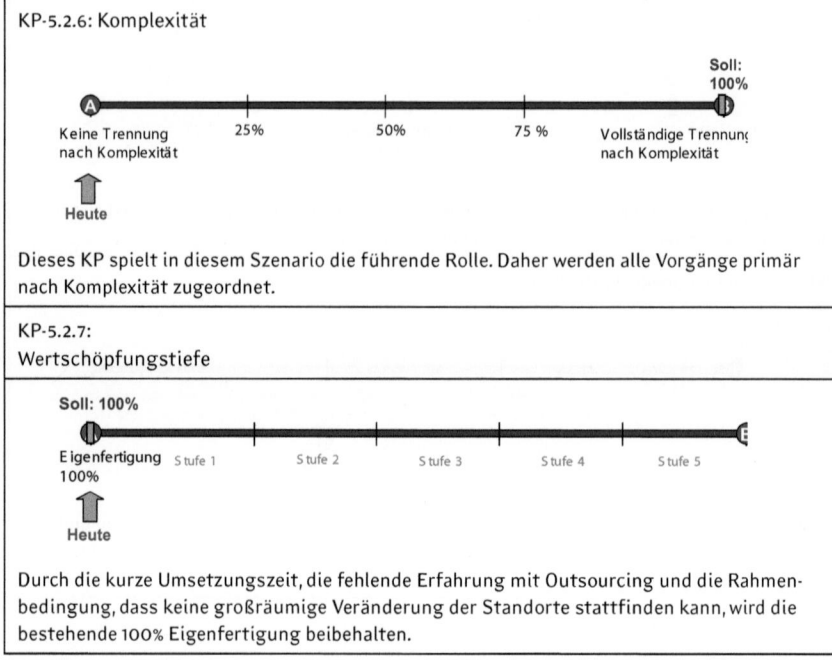

Das Team hat nun fünf Grundideen erarbeitet:

1. Die Trennung zwischen Gruppen- und Einzelvertragsebene wird aufgehoben, das heißt, nicht die Vertragsart sondern die Komplexität des Vorgangs entscheidet darüber, wo er bearbeitet wird
2. Die Leistungsbearbeitung wird dieser Logik nicht folgen, da hier eine von den anderen Arbeiten getrennte Qualifikation im Vordergrund steht
3. Die Komplexität bestimmt die Verteilung
4. Alle Vorgänge (ob telefonisch oder schriftlich) werden vorselektiert und nach Kriterien weitergeleitet
5. Es gibt nur noch für wenige Schlüsselkunden direkte Ansprechpartner in der Direktion, alle anderen werden in den normalen Prozess geleitet

Es gibt vier bis fünf Komplexitätsstufen:

- Normale Komplexität: K1
- Höhere Komplexität K2
- Spezialistenteam K3
- Spezialteam Leistung (ggf. in 2 Komplexitäten)

Es wird eine grobe Verteilungstabelle erstellt. Zunächst wird das Thema „Leistungsbearbeitung" in einem Team dargestellt. Die Ausnahme der telefonischen Verteilung für die Schlüsselkunden wird hier noch nicht dargestellt, sondern erst im Blue Print eingebaut. Eine Erstbearbeitung der Vorgänge im Telefon Center wird hier nicht verfolgt. Man stellt fest, dass das vielleicht später eine weitere Effizienzsteigerung nach sich ziehen könnte, sieht dies in dem kurzfristigen Zeitrahmen aber als nicht realisierbar an.

Es wird ein grobes Bild für die Verteilung gezeichnet.

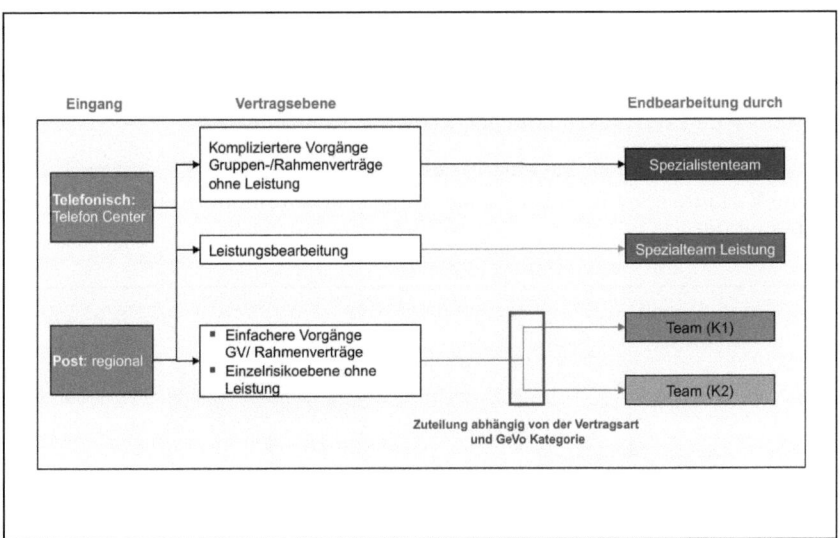

Abbildung 27: Grobe Verteilungstabelle Fall 1

Das Team ist noch uneinig über die Frage, ob die Leistungsbearbeitung nur in einem Team oder doch in zwei Komplexitätsstufen bearbeitet werden soll.

Es ist zum Beispiel ein erheblicher Unterschied, ob ein BU-Fall bearbeitet wird (sehr hohe Komplexität), oder ob eine Bescheinigung über eine gezahlte Rente erstellt werden muss (eher niedrigere Komplexität).

Klar ist allerdings, dass hier keine regionalen Teams für die niedriger komplexen Leistungsbearbeitungen an mehreren Standorten aufgebaut werden können (Volumen fehlt). Diese Fragestellung wird in der Blue Print Phase weiter diskutiert.

Wir hören an dieser Stelle des Fallbeispiels mit der Verteilungslogik auf. Jetzt wenden wir uns dem nächsten Schritt zu, der Modellbildung für den organisatorischen Entwurf.

5.2.1.4 Blue Print für Fall 1 Neugeschäftsboom

Die folgenden Ergebnisse wurden bisher bearbeitet:

- Vier verschiedene Komplexitätsstufen
- Getrennte, vorgeschaltete Telefonie mit Allokation der Anrufe aber ohne Erstbearbeitung (dies vielleicht im späteren Release)
- Postverteilung nach Allokation
- Das neue Produkt wird komplett in die Verteilungsregeln eingebaut
- Getrennte Kanäle für einzelne, wenige Schlüsselkunden auf der einen Seite und für die anderen Kunden auf der anderen Seite
- Antrag und Vertragsabteilungen werden zusammengelegt

Das Team erstellt einen Entwurf für die neue Organisation. Es wird noch eine zweite Variante erstellt, in der die Leistungsbearbeitung in zwei Komplexitätsstufen erfolgt.

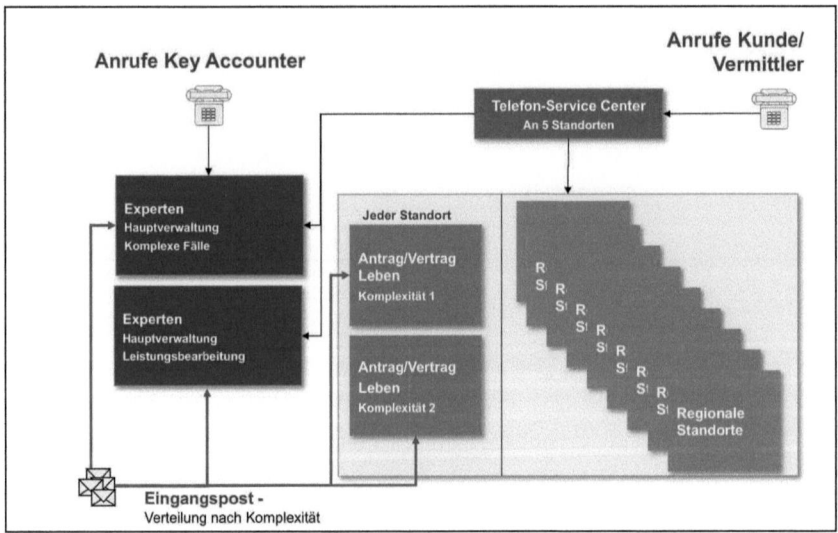

Abbildung 28: Blue Print Fall 1 Leistung in einem Team

Das Team entscheidet vorab, dass die Leistungsbearbeitung nur in der Direktion erfolgen kann, da es zuviel Aufwand erfordern würde, dies an einem der regionalen Standorte zu etablieren, wo diesbezügliches Wissen überhaupt nicht vorhanden ist:

Verschiedene Allokationsmodelle

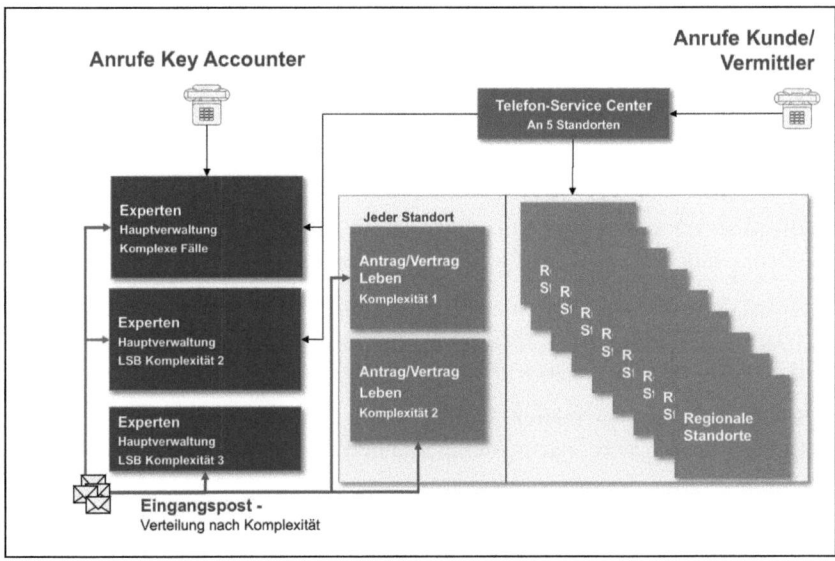

Abbildung 29: Blue Print Fall 1 Leistung in zwei Komplexitätsstufen[10]

An diesem Punkt ist es notwendig zu überprüfen, ob dieses Bild überhaupt vor Ort an den Standorten umgesetzt werden kann:

- Bieten die Komplexitätskriterien genug „Masse" und Organisationsfähigkeit in den Teams, um sinnvoll die produktivitätssteigernden Effekte zu erzielen?

Eine ganz wichtige weitere Frage:

↪ Erfüllt die neue Allokation denn auch die strategischen Anforderungen? Die zu bewältigenden Arbeitspensen müssen zusammengenommen auch den 20%-igen Mehraufwand (durch das neue Produkt) abdecken.

Es werden die folgenden Dinge geprüft:

- Jedes dieser Teams sollte eine Mindestgröße von ca. 7-8 Personen und nicht mehr als 12-15 Personen haben.
- Die Arbeitsverteilung muss innerhalb des Teams an alle gleichsam möglich sein(Qualifizierung).
- Die Teamleistung zählt, das heißt, die Leistungskontrolle auf Teamebene muss gewährleistet sein (Zustimmung Betriebsrat?) und ein wichtiges Mittel der Personalführung werden.
- Das neue Produkt muss im Rahmen der Umorganisation auf allen Qualitätsstufen hinreichend geschult werden.

---

10 LSB = Leistungsbearbeitung

- Welche prozessverändernden Maßnahmen und IT-Unterstützungen müssen zusätzlich erarbeitet werden, um den Effizienzgewinn zu erzielen?
- Kann die fachliche Qualität der Mitarbeiter laufend kontrolliert und gefördert werden?

Die ersten Prüfungen ergeben das folgende Bild:

- Die Teamstärken für die Leistungsbearbeitung in zwei Komplexitätsstufen reichen aus, sofern man in der Direktion bleibt.
- Die anderen Teamstärken sind ebenfalls vorhanden, sofern es gelingt, zwischen der Komplexitätsstufe 1 und 2 eine sinnvolle Aufteilung zu finden. Erste Brainstormings zu Ideen und Ansätzen verlaufen dazu sehr positiv.
- Die fünf regionalen Telefon-Service-Center können entsprechend erweitert werden, um die Anrufe der anderen Standorte mit zu bearbeiten.
- Durch die Tatsache, dass in diesem Prozess kein Mitarbeiterabbau stattfindet und auch der Betriebsrat die Notwendigkeit sieht, hier einen Effizienzgewinn für das neue Produkt zu erzielen, wird damit eine Basis für die gewünschten Änderungen gesehen.
- Ein großes Paket wird die Definition der notwendigen Prozessveränderungen und IT Anpassungen sein, dies wird aber aufgrund der nicht so radikalen Änderungen und bereits offensichtlicher Optimierungsansätze optimistisch beurteilt.

Kostenrechnung Bei der Überprüfung der Kosten (Arbeitspensen, sonstige Kosten) pro Standort unter Hinzuziehung von Marktstandards wird festgestellt:

- Die reine Produktivität durch die neue Verteilung einschließlich prozessverbessernder Maßnahmen (inkl. IT) erhöht sich vorsichtig geschätzt um 15%, wenn man die einfachere Struktur des neuen Produkts einbezieht.
- Dezentral herrscht ein deutlich niedrigeres Gehaltsniveau.
- Dezentral fallen niedrigere Investitionen für Schulungen, Reisen, usw. an.
- In der Region fallen die Arbeitsverteilzeiten auf Gruppenleiterebene weg.

Die Kostenrechnung wird konsolidiert und ein Business Case erstellt. Der Business Case weist eine hinreichende Einsparung auf und gibt eine Schätzung für die Investitionskosten.

Zum Abschluss dieses Fallbeispiels gehen wir davon aus, dass die Überprüfung der Mengengerüste und der anderen Aspekte positiv verlaufen ist und beenden den Abschnitt mit der Entscheidung für den folgenden Entwurf.

Verschiedene Allokationsmodelle 69

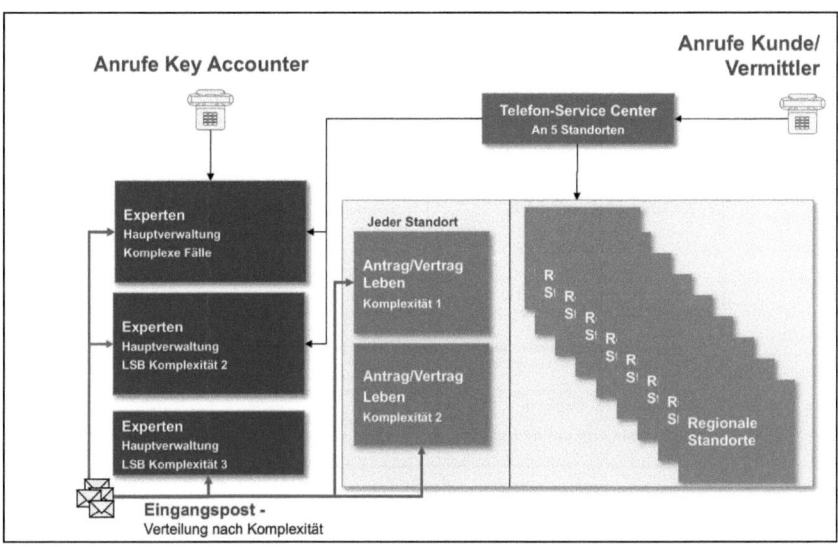

Abbildung 30: Entwurf Blue Print Fall 1

5.2.2 Fall 2 - Schaden Exzellenz

Das Versicherungsunternehmen 2 hatte bisher gute Erfolge im Neugeschäft und lag in einer mittleren Preiskategorie im Schadenversicherungsbereich. Im letzten und dem vorvergangenen Jahr sind die Schadenkosten kontinuierlich angestiegen. Die damit verbundene Preiserhöhung der Produkte ist laut Prognose mit erheblichen Risiken verbunden, da verschiedene Wettbewerber ihre Preise stabil halten bzw. eher senken.

Fall 2 - Schaden-Exzellenz

Die Analyse des Problems ergab die folgende Situation:

1. Der Schadenaufwand ist gegenüber dem Markt stark angestiegen.
2. Die Schadenbearbeitungskosten sind im unteren Mittelfeld des Marktes angesiedelt, insbesondere ist hier eine Senkung durch Rationalisierungsmaßnahmen im Schadenbereich erreicht worden. Die Bearbeitung des Schadens geschieht nach der Reorganisation zu 80% spartenübergreifend in einer zentralen Einheit. Die restlichen 20% werden zentral in der Hauptverwaltung durch Experten bearbeitet.

Die strategische Grundfrage lautet hier:

Schadenaufwand vs. Betriebskosten

Strategische Kernaussage Fall 2

Das folgende Schaubild zeigt die strategischen Optionen zu diesem Fall.

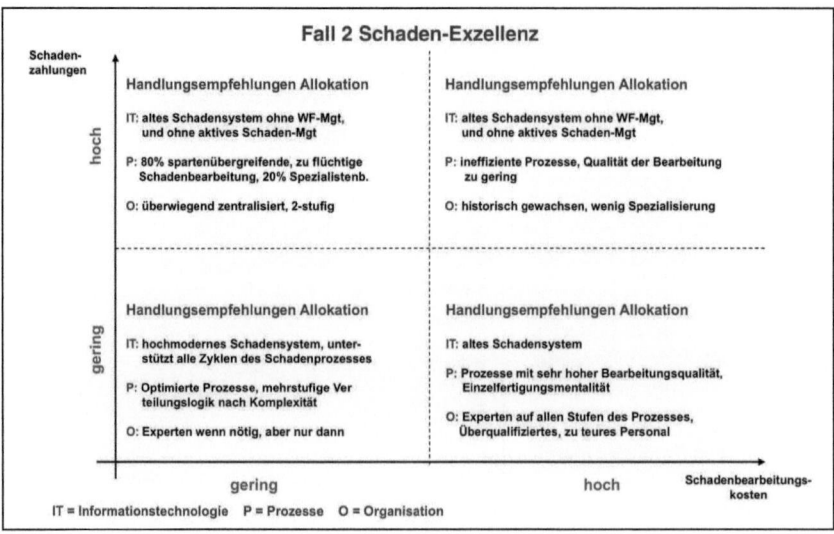

Abbildung 31: 1/1 Strategie Portfolio Fall 2 - Schaden Exzellenz[11]

Bewertung der 1/1 Strategie Portfolio Matrix

Die Zielbestimmung führt in den unteren Teil der Matrix. Es wird klar, dass mit mehr Qualität gearbeitet werden muss und dass die Konsequenzen der Rationalisierungsmaßnahmen deshalb ausgeblieben sind, weil hier einseitig auf die Bearbeitungskosten gezielt wurde.

Um die Schadenzahlungen wieder nach unten zu korrigieren, will man andererseits nicht wieder in den rechten unteren Quadranten zurück (Einzelfertigungsmentalität).

Die Zielrichtung für die weiteren Maßnahmen wird also im linken unteren Quadranten gefunden.

Da 80% der Schäden heute von teilweise zu niedrig qualifizierten Personen ohne eine technische Lösung, die das auffangen könnte, bearbeitet werden, ist hier von personellen Konsequenzen auszugehen, sofern die Technik nicht angepasst wird.

Die Investitionslage ist aber noch unklar. Vor einer großen technischen Investition in ein neues Schadensystem schreckt man zunächst noch zurück.

Strategische Zielformulierung

Es wird der Auftrag erteilt, zunächst die Möglichkeit zu prüfen, mit einer geschickten Allokationsbildung die bisherige 80%/20%-ige Verteilung der Schäden zu verändern, ohne wesentliche neue technische Möglichkeiten zur Verfügung zu haben. Es herrscht Einigkeit darüber, dass sich in den 80% Schäden, die spartenübergreifend direkt reguliert werden, ein erheblicher Anteil befinden

---

11 WF-Mgt = Workflow Management

Verschiedene Allokationsmodelle

muss, bei dem, aufgrund der zu hohen Qualitätsanforderungen an das Personal, Überzahlungen aufgetreten sind.

Aufgrund vorangegangener Analysen besteht der Eindruck, dass aber auch im gering komplexen Bereich Probleme mit Überzahlungen entstehen. Diese Problematik sollte ebenfalls angegangen werden.

Darüber hinaus wird definiert, dass kein Anbau an Personalkapazität möglich ist.   *Rahmenbedingung*

Die relevanten Kennzahlen lauten: *Kennzahlen*

- Schadenaufwand
- Personalkosten im Schadenbereich

Die Ziele für die Kennzahlen lauten:

- Schadenaufwand muss um mindestens 5% gesenkt werden, in einzelnen Sparten 5-10%
- Die Personalkosten im Schadenbereich dürfen nicht erhöht werden

Der Auftrag an das Projektteam lautet, ein Allokationsmodell zu erarbeiten, das die folgenden Ziele erfüllt:

- Generelle Segmentierung der Schäden nach Qualitätsanforderung an die Bearbeiter und Erarbeitung eines passenden Allokationsmodells unter Beibehaltung der zentralen Organisationsform
- Herausfiltern derjenigen Schäden, bei denen bei geringer Qualitätsanforderung trotzdem Überzahlungen aufgetreten sind und Vorstellen einer Lösung für diese Fälle

Das Projektteam analysiert die heutige Situation, um die Basis für die weitere Allokationsbildung herzustellen. Das folgende Bild veranschaulicht grob die Situation, die das Projektteam aktuell zu analysieren hat: *Start Projektarbeit*

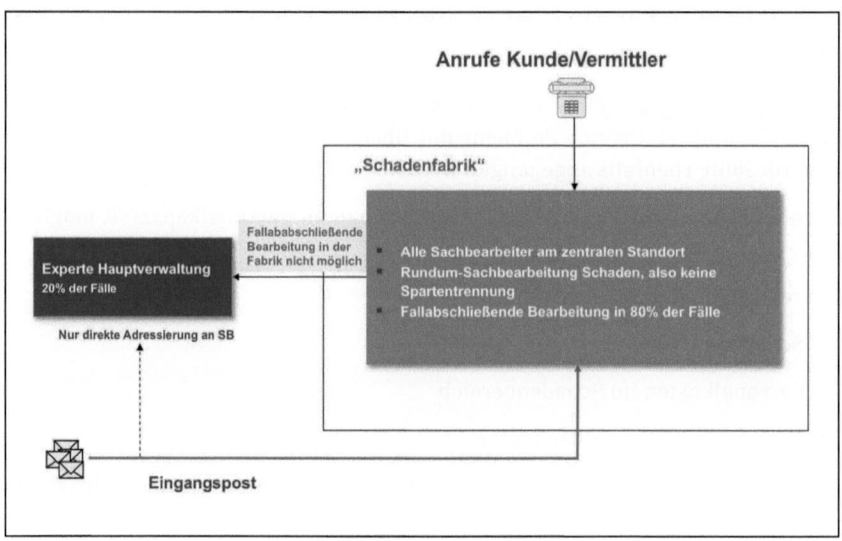

Abbildung 32: Fallstudie 2 - Heutige Situation

Es wird nun eine Problemanalyse durchgeführt mit dem folgenden Ergebnis:

Ergebnisse Analyse der IST Situation

1. Es wurden Überzahlungen auf allen Ebenen der Schadenbearbeitung festgestellt, am geringsten waren sie in der 20%-igen Spezialistenbearbeitung.

2. Die einfachen Schäden wiesen eine relativ hohe Überzahlung auf. Eine Schadendatenanalyse für diese Schäden ergab, dass hier nach falschen Arbeitsanweisungen gearbeitet wurde, zum Beispiel wurde die Selbstbeteiligung nicht konsequent in Abzug gebracht, Vorschäden wurden nicht berücksichtigt und ein Betrugsverdacht nicht geprüft.

3. Die Spezialistenbearbeitung in der HV ist aufgrund der hohen Qualifikation der Sachbearbeiter dort für 20% der Fälle teilweise zu teuer, weil nur in einem Teil der Fälle gerechtfertigt.

Ergebnisse der Projektarbeit

Bei der weiteren Projektarbeit kommen die folgenden Ergebnisse zusammen:

Eine Verteilungslogik in einem dreistufigen Allokationsmodell wurde erarbeitet und zahlenmäßig als valide beurteilt.

Als Lösung wurde hier zusätzlich ein neues Prozessmodell in groben Elementen erarbeitet, welches speziell auch für die niedrig komplexen Schäden als Trainingsvorlage für die betroffenen neuen Teams dient. Der Erfolg dieser Maßnahmen soll nach Umsetzung einer regelmäßigen Kontrolle unterzogen werden.

Das vorgeschlagene neue Allokationsmodell sieht aus wie folgt:

Verschiedene Allokationsmodelle

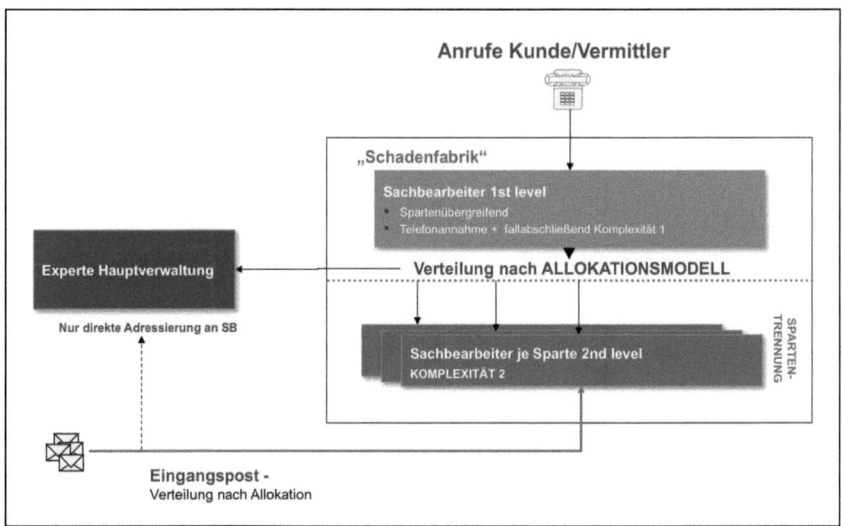

Abbildung 33: Allokationsmodell für Fall 2 - Schaden Exzellenz

Bei der Definition der Verteilungskriterien wurden die Fälle komplexitätsgetrieben aufgeteilt. Dabei wurde soviel Qualifikation wie nötig, aber auch keine Überqualifikation vorausgesetzt.

Es wurde festgestellt, dass das Niveau eines Spezialisten in der HV in durchschnittlich nur 5% der Schadenfälle erforderlich ist. Allerdings wurde ebenfalls festgestellt, dass nur 20% der Fälle für eine spartenübergreifende Bearbeitung in Frage kommen und nur diese Fälle vom 1st Level in der Schadenfabrik bearbeitet werden sollten. Die nachfolgende Illustration zeigt die Mengenvolumina.

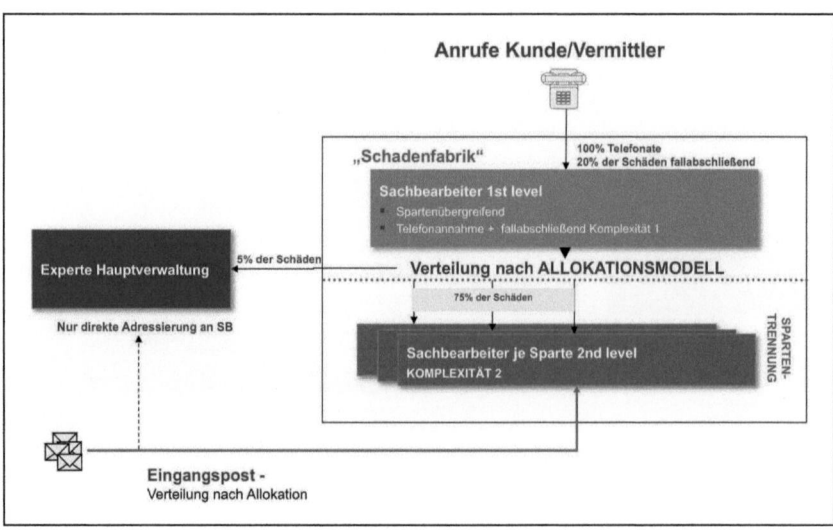

Abbildung 34: Aufteilung der Mengenvolumina in der Schadenbearbeitung

Vergleicht man nun das alte mit dem neuen Modell, so wird klar, dass hier das Prinzip „jeder macht alles" fallengelassen wurde. Auf der anderen Seite ist die Industrialisierung des Entwurfs immer noch deutlich erkennbar.

5.2.3 Fall 3 – Kostensenkung Betrieb

Fall 3 – Kostensenkung Betrieb

Das Versicherungsunternehmen 3 ist als Qualitätsversicherer bekannt und als solcher positioniert. Das Unternehmen hat ein gut funktionierendes zentrales Schaden Service Center, neuerdings eine zentrale Kundenservice-Einheit im Bereich Schadenversicherung und im Vertrieb viele regionale Präsenzen.

Die Leben- und Krankenbereiche sind noch klassisch organisiert.

Die Zentralisierungsbestrebungen im Kundenservice, die von einer regionalen Struktur zu einer zentralen Struktur geführt haben, haben momentan erhebliche Qualitätsprobleme zur Folge.

Eine Analyse der Daten ergab, dass die Kostenquote des Unternehmens immer noch zu hoch ist, die Schadenquote ist sehr gut.

Die erste Kostensenkung, die durch die Zentralisierung zuerst des Schaden- und dann des Betriebsbereichs erreicht wurde, soll weiter fortgesetzt werden, insbesondere durch die Integration des Leben- und Krankenbereichs.

Die Qualitätsprobleme des zentralen Kundenservices müssen vorab gelöst werden, damit hier weitere Kostensenkungspotenziale gehoben werden können.

Verschiedene Allokationsmodelle

Zunächst werden in der strategischen Zielfindung die Stärken und Schwächen der heutigen Verteilungssystematik diskutiert. Die nachweisliche Qualitätsorientierung der Schadenbearbeitung wird als Basis für die weitere Marktpräsenz gesehen und sollte nicht weiter betrachtet werden.

Strategische Kernaussage Fall 3

Damit das Kind hier nicht mit dem Bade ausgeschüttet wird, wird beschlossen, zunächst gründlich die Qualitätsprobleme im Betrieb zu eruieren und entsprechende Maßnahmen für Kostensenkungen auf eventuelle Negativeffekte auf die Stärken des Unternehmens zu prüfen.

Dazu wird die heutige Allokation bzgl. des Zusammenhangs zwischen Qualitätsproblem und Kostensenkung bewertet.

Abbildung 35: E2 -Portfolio Matrix Fallstudie 3

Es wird klar, dass sich das Unternehmen im Kundenservice momentan in der linken oberen Ecke befindet (Allokation ohne Rücksicht auf Qualität). Es muss also darüber nachgedacht werden, wie hier eine Bewegung in Richtung „Zielgerichtete Allokation" gemacht werden kann.

E^2 - Portfolio Matrix Fall 3

Bei der Analyse der Leben- und Krankenbereiche wird klar, dass hier zwecks Kostensenkung der Weg in den oberen rechten Quadranten gegangen werden muss.

Es wird nach einer neuen Organisationsform für den operativen Versicherungsbetrieb gesucht, welche kostengünstiger aber auch sehr effektiv ist.

Die Kennzahlen, die hier als die wesentlichen Größen gesehen werden sind die

Strategische Kennzahlen

➲ Betriebskostenquoten

◯ Schaden-/Leistungsquoten (sollen gleich bleiben oder besser werden)

◯ Neugeschäftsquoten (sollen gleich bleiben oder besser werden)

Aufgrund des übergreifend identifizierten Grundproblems soll als erste Maßnahme ein neues, übergreifendes Allokationsmodell für den Kundenservice erarbeitet werden, welches die Kostensenkung nachhaltig durchsetzt, ohne jedoch die Qualitätsaspekte zu vernachlässigen.

Ein Projektteam wird damit beauftragt, ein Grundgerüst für diese übergreifende Allokation zu erarbeiten.

Diskussion der Rahmenbedingungen Bei der projektseitigen Diskussion um eine konzernübergreifende Lösung wird zunächst darüber nachgedacht, dass die Konstruktionsprinzipien auf eine strikt übergreifende Weise definiert werden müssen, um hier nicht bei zu detaillierten Designprinzipien stecken zu bleiben. Das Allokationsmodell für den Schadenbereich wird zunächst nicht weiter betrachtet. Die IST-Situation:

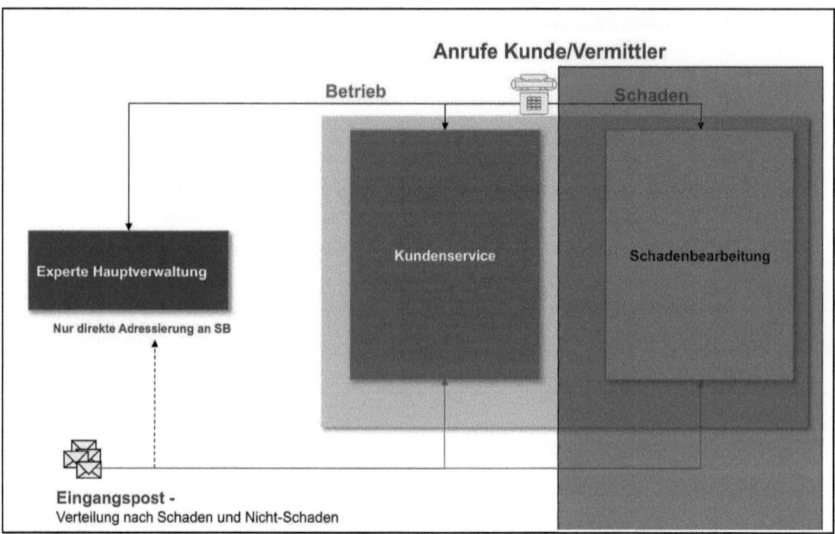

Abbildung 36: Ist-Situation Fall 3

Verschiedene Allokationsmodelle

Das folgende Lösungsszenario wird erarbeitet:

Lösungsszenario 1 - Spartentrennung trotz Industrialisierung (Leben, Kranken, Kompositversicherung)

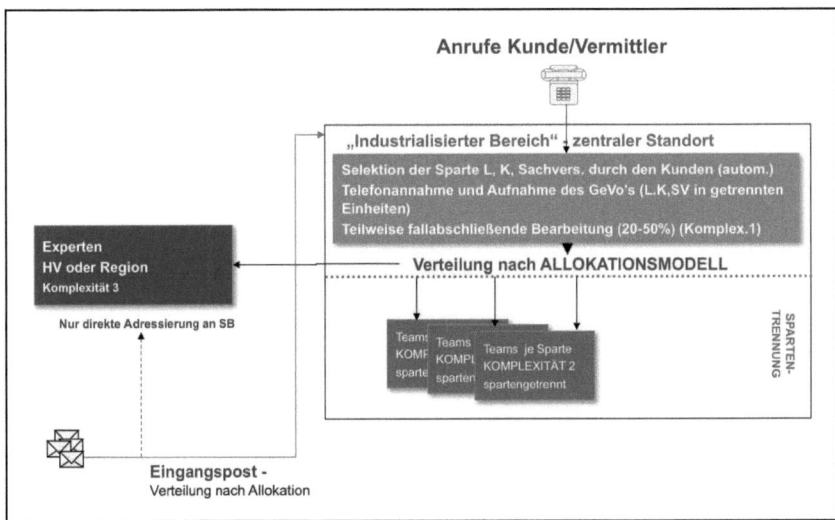

Abbildung 37: Fall 3 - Lösungsentwurf

Um hier möglichst schnell fallabschließend arbeiten zu können, wurde bewusst im ersten Kontaktweg „Telefon" auf eine qualifizierte spartengetrennte (Leben, Kranken, Sachversicherung) Sachbearbeiterbasis zurückgegriffen. Die Spartentrennung wird vom Kunden selber vorgenommen (Eingabe über Tastatur o.ä., bei unklaren Fällen spezielles Team).

Der Erstkontakt wird also hier direkt vom richtigen Sachbearbeiter durchgeführt und das Anliegen direkt endbearbeitet, sofern es sich um weniger komplexe Fälle handelt (20-50% aller Geschäftsvorfälle).

Eine Allokationsliste beschreibt diejenigen Fälle, die weitergeleitet werden müssen. Für diese Fälle gibt es ein Back Office, welches ebenfalls nach Sparte organisiert ist.

Dieser Weg ist naturgemäß mit höheren Personalkosten verbunden, da hier an allen Stellen qualifiziertes Personal vorgehalten werden muss.

Das zweite Lösungsszenario teilt die Organisation in einen ersten spartenübergreifenden Bearbeitungsteil auf, der bei komplexeren Vorgängen wieder in eine Spartentrennungv erteilt.

Szenario 2: Teilweise Spartentrennung

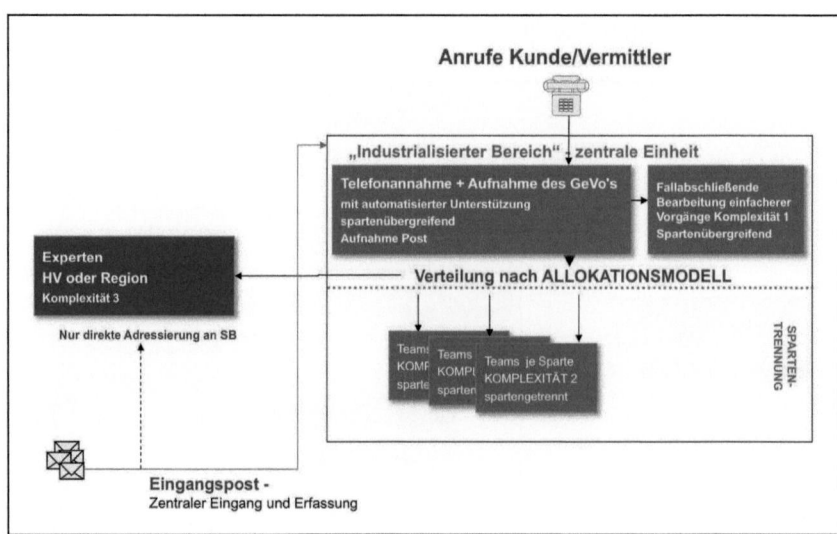

Abbildung 38: Fall 3 - teilweise spartenübergreifend

Der erste Bereich sollte möglichst kostengünstig sein. Deshalb wurde hier der Telefonkontakt durch Anlernkräfte gestaltet. Dies setzt eine entsprechende IT-Lösung voraus, die eine qualifizierte, spartenübergreifende Aufnahme des Kundenanliegens ermöglicht.

Da weniger komplexe Vorgänge aus Kostengründen ebenfalls in der kostengünstigeren Einheit bearbeitet werden könnten, gibt es hier ein qualifizierteres Team von Sachbearbeitern, welches die aufgenommenen Vorgänge endbearbeitet (direkte Weiterschaltung oder elektronische Weiterleitung). Dies kann je nach Sparte bei mehr oder weniger (oder gar keinen) Geschäftsvorfällen sinnvoll sein.

Die weiteren, höher komplexen Vorgänge werden in die spartengetrennten Back-Offices geleitet.

Szenario 3: Outsourcing Telefonie
Das dritte Szenario wurde vor dem Hintergrund gebildet, dass der Aufbau der industrialisierten Teile auch einem Dienstleister übergeben werden könnte.

Verschiedene Allokationsmodelle

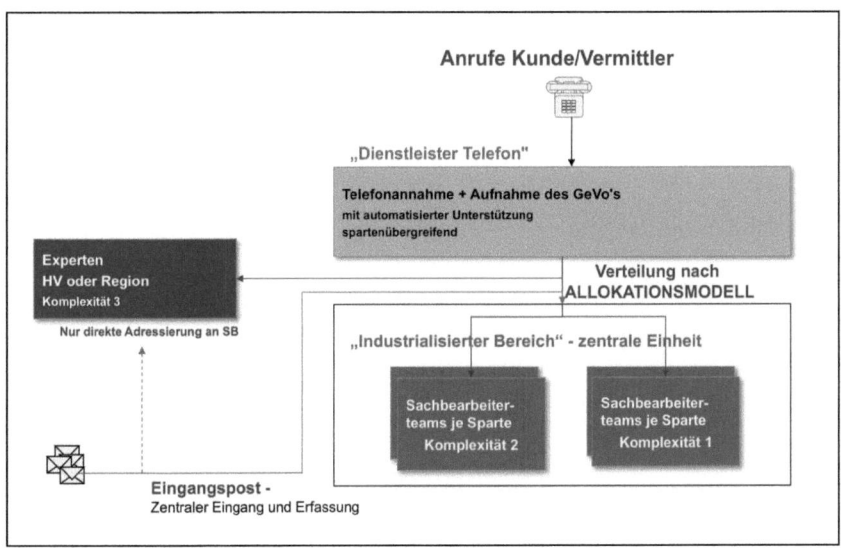

Abbildung 39: Szenario Outsourcing Telefonie

Eine Variante dieses Szenarios wäre auch, leichte Vorgänge ebenfalls durch einen Dienstleister bearbeiten zu lassen, bzw. das Szenario 2 so zu interpretieren, dass hier eine konzerneigene oder konzernbeteiligte Dienstleistungsgesellschaft den Betrieb der „Fabrik" außerhalb der Tarifwelt des Unternehmens übernimmt.

Erläuterung Szenario Outsourcing Telefonie

6. Stärken-/Schwächenbewertung der Modelle

6.1 Vorbemerkungen

Die Lösungsszenarien der Fallstudien sind nun abschließend einer groben Bewertung zu unterziehen. Die Kriterien für die Bewertung sind an den strategischen Zielen und an den Rahmenbedingungen für die Modellierung auszurichten.

Es wird zuerst kurz das jeweilige Bewertungsraster erläutert und anschließend die Bewertung tabellarisch dargestellt.

6.2 Verwendetes Bewertungsraster zum Vergleich der Allokationsmodelle

Die verwendeten Kriterien sind zusammengefasst in der folgenden Tabelle, welche die jeweilige Verwendung in den einzelnen Fallstudien referenziert.

Kriterium	Fallstudie 1	Fallstudie 2	Fallstudie 3
Beibehaltung der Betriebskosten trotz neuem Produkt	x		
Beibehaltung der Betriebskosten		x	
Reduktion der Betriebskosten			x
Beibehaltung der Leistungsquote	x		
optimale Unterstützung des Neugeschäfts	x		
Beibehaltung oder Verbesserung der Neugeschäftsquote			x
Änderungen in Personalstruktur gering	x	x	x
IT-Umsetzungsaufwand gering	x	x	x
Schnelligkeit der Umsetzung	x	x	x
Gute Kundenorientierung, Servicequalität	x	x	x
Flexibilität bei Erhöhung des Mengengerüsts	x		
Sicherheit und Störanfälligkeit der Prozesse	x	x	x
Starke Verbesserung der Schadenquote		x	
Verringerung der Überzahlung in niedrig komplexen Schäden		x	
Verringerung der Überzahlung in mittel komplexen Schäden		x	
Verbesserung der Bearbeitungsqualität			x

Stärken-/Schwächenbewertung der Modelle

Die Kriterien, die hier verwendet wurden, sind naturgemäß je nach Sachlage unterschiedlich interpretierbar. Was genau mit den Kriterien an der jeweiligen Aufgabenstellung gemeint ist, sollte man in der praktischen Umsetzungssituation mit Erläuterungen und Gesprächsprotokollen dokumentieren.

Bemerkung

6.3 Bewertungsmatrizen

Wir verwenden den folgenden Wertebereich für die Einschätzung:

○ = kein positiver Einfluss (0 Punkte)

◔ = geringer positiver Einfluss (1 Punkt)

◐ = mittlerer positiver Einfluss (2 Punkte)

◕ = hoher positiver Einfluss (3 Punkte)

● = sehr hoher positiver Einfluss (4 Punkte)

Die Bewertung der einzelnen Lösungsszenarien wird nun fallstudienweise vorgenommen:

Bewertung der Modelle

Fall 1: Neugeschäftsboom - Bewertungsmatrix

Stärken-/Schwächenanalyse für Fallstudie 1			
Kriterien	heute*	Leistung 1 Team	Leistung 2 Teams
Beibehaltung der Betriebskosten trotz neuem Produkt	○	●	●
Beibehaltung der Leistungsquote	◕	◕	●
optimale Unterstützung des Neugeschäfts	◕	●	●
Änderungen in Personalstruktur gering	●	◐	◐
IT-Umsetzungsaufwand gering	●	◕	◕
Schnelligkeit der Umsetzung	●	◐	◐
Gute Kundenorientierung, Servicequalität	◔	◕	◕
Flexibilität bei Erhöhung des Mengengerüsts	○	●	●
Sicherheit und Störanfälligkeit der Prozesse	○	◕	◕
Punktbewertung	**19**	**28**	**29**

*Szenario: was geschieht, wenn nichts verändert wird

Abbildung 40: Bewertung Fallstudie 1

Fall 2: Schaden-Exzellenz - Bewertungsmatrix

Stärken-/Schwächenanalyse für Fallstudie 2

Kriterien	heute*	Schaden Exzellenz
Beibehaltung der Betriebskosten	●	●
Starke Verbesserung der Schadenquote	○	●
Verringerung der Überzahlung in niedrig komplexen Schäden	○	●
Verringerung der Überzahlung in mittel komplexen Schäden	○	●
Änderungen in Personalstruktur gering	●	◐
IT-Umsetzungsaufwand gering	●	◕
Schnelligkeit der Umsetzung	●	◕
Gute Kundenorientierung, Servicequalität	●	◕
Sicherheit und Störanfälligkeit der Prozesse	○	●
Punktbewertung	**20**	**31**

*Szenario: was geschieht, wenn nichts verändert wird

Abbildung 41: Bewertung Fallstudie 2

Fall 3: Kostensenkung Betrieb - Bewertungsmatrix

Stärken-/Schwächenanalyse für Fallstudie 3

Kriterium	heute*	Spartentrennung	Teilweise Spartentrennung	Outsourcing Telefonie
Reduktion der Betriebskosten	○	◕	●	◐
Verbesserung der Bearbeitungsqualität	○	●	◕	◕
Beibehaltung oder Verbesserung der Neugeschäftsquote	○	●	◕	◕
Änderungen in Personalstruktur gering	●	○	◐	◐
IT-Umsetzungsaufwand gering	●	◐	◔	◔
Schnelligkeit der Umsetzung	●	◐	◔	◔
Gute Kundenorientierung, Servicequalität	◔	●	◕	◕
Sicherheit und Störanfälligkeit der Prozesse	○	●	◕	◕
Punktbewertung	**13**	**23**	**20**	**18**

*Szenario: was geschieht, wenn nichts verändert wird

Abbildung 42: Bewertung Fallstudie 3

Verwendung der Bewertungsmatrizen

Diese Bewertungsmatrizen sind nutzbar, um an dieser Stelle einen Überblick darüber zu bekommen, welche verschiedenen Szenarien zur Lösung eines strategischen Problems in welchem Maße beitragen. Je höher die gesamte Punktzahl, die ein Szenario erreicht, desto erfolgreicher können mit dem Szenario die strategischen Ziele erreicht werden.

Sie ersetzen jedoch keinen detaillierten Business Case, der im weiteren Projektverlauf der Allokationsbildung für das präferierte Szenario erstellt werden muss.

Die Entscheider können anhand der Bewertungsmatrix sehen, welches Szenario so lohnenswert erscheint, dass eine weitere Investition an Gedanken und Zeit in die entsprechende Idee angemessen ist.

7. Industrialisierung in Versicherungsunternehmen

Die früher sehr traditionelle Versicherungsbranche ist seit Jahren einem tief greifenden Wandel unterworfen. Zur Herbeiführung wettbewerbsfähiger Kostenstrukturen bei gleichzeitiger Sicherstellung von Qualitätsstandards bedarf es hochproduktiver neuer Technologien und industrieller Standards entlang der Wertschöpfungskette und deren Transformationen. Diese Transformationen, die auf Standardisierung, Vereinfachung, Automatisierung und Integration von Abläufen basieren, haben viele Industriebranchen bereits weitergehender vollzogen, als es aktuell in Versicherungsunternehmen zu beobachten ist.

Versicherungsunternehmen sind keine Industriefabriken. Dies muss nicht bedeuten, dass sie nicht von solchen lernen können. In den Unternehmen der produzierenden Industrie sind die Produktivitätsfortschritte nur durch Standardisierung, Automatisierung und enge Integration von Dienstleistern ermöglicht worden. Um dabei zusätzlich noch hohe Qualitätsstandards einhalten zu können, haben sich in der Industrie parallel dazu Themen wie Six Sigma und Balanced Score Cards etabliert.

Im Rahmen der Industrialisierungsvorhaben der Versicherungsunternehmen treten oft auch grundsätzliche Fragen der Arbeitsorganisation und der Arbeitsverteilung, also der Allokationsbildung auf.

Nachfolgend sollen diese Zusammenhänge aus Sicht der Industrialisierung näher untersucht werden.

7.1 Management einer Versicherungsfabrik

Management der Versicherungsfabrik

Zur effizienten Steuerung des Versicherungsbetriebs ist ein stringentes Controllingsystem notwendig. Fachlich ist hier das Bewusstsein für Komplexität, Kosten, Kapazitäten, Produktivität, Effizienz, Qualität und Flexibilität zu schaffen.

Qualitätsmanagement:

- Qualität erfordert klare Ziele
- Qualität ist messbar (zum Beispiel Schadenquoten, Ergebnisse Kundenzufriedenheitsbefragungen, externes Ranking)
- Qualität geht jeden an und jeder sollte daran nachvollziehbar gemessen werden
- Qualität ist eine Daueraufgabe

Kostenmanagement:

- Vereinfachung der Prozesse in jeder Komplexitätsstufe
- Erhöhte Wertschöpfung u.a. durch die Automatisierung nicht wertschöpfender Tätigkeiten
- Bessere Ressourcennutzung und -auslastung
- Schnellere Bearbeitungs- und Durchlaufzeiten
- Weniger Fehler
- Kostenminimierte Lieferantenbeziehungen
- Kostentreiberanalysen, Prozesskostenrechnungen, um den ständigen Optimierungsprozess zu steuern

Oftmals scheitert heute das Qualitäts- und Kostenmanagement bereits an der mangelnden Datenqualität. Entweder sind die Daten nur mit äußerst aufwendigen Verfahren zu generieren, oder sie sind unzuverlässig bzw. nicht detailliert genug, um eine sinnvolle Steuerung darauf aufzubauen. *(Controlling)*

Das Controlling hat hier einen besonderen Stellenwert. Eine fabriknahe Steuerung des Betriebsbereichs ist ohne entsprechende Kennzahlen schwierig. Ein „gut laufender" Betrieb ohne größere Beschwerden und Rückstände kann immer noch hochgradig ineffizient oder ineffektiv sein, wie zahlreiche Beispiele aus der Praxis belegen.

Für das Controlling einer Versicherungsfabrik ist eine Vielzahl von Größen notwendig, die je nach Art des Versicherungsunternehmens sehr unterschiedlich sein können.

Fast immer beinhalten diese übergreifende Größen wie *(Verschiedene Leistungskenngrößen)*

- Kapazitätskennzahlen (wie viele Mitarbeiter werden bei gegebenen Geschäftsvorfällen pro Komplexitätsteam eingeplant) welche aus den Bearbeitungszeiten und der Anzahl der Geschäftsvorfälle turnusmäßig errechnet werden.
- Schadenquoten
- Kostenquoten
- Durchlaufzeiten der Geschäftsvorfälle
- Reklamationsquoten
- Telefonische Fallabschlussquote
- Wartezeit Call Center
- Anrufdauer Call Center

- Differenz Erstbearbeitung zu Posteingang

Meistens ist es notwendig, hier tiefer in die einzelnen Segmente einzusteigen und eine Übersicht zu einzelnen Sparten/Teilsparten/Schadensegmenten etc. zu bekommen. Die Daten sind dauerhaft zu generieren und vorzuhalten.

All dies macht deutlich, dass hier eine manuelle, einzelfallorientierte Auswertungsmaschinerie nicht ausreicht. So wie moderne Call Center eine entsprechende Ausrüstung in ihrer Telefonie vorhalten und damit sekundenschnelle Steuerung praktizieren, so muss auch im nachgelagerten Betrieb in Koppelung an das Workflowsystem, das Dokumentenmanagementsystem (kurz DMS) und den Bestandsführungssystemen ein zentrales Data Warehouse errichtet werden, das die Daten sammelt und aufbereitet.

Beispiel: Beurteilung Mitarbeiter Schaden Komplexität 2

Es folgt ein kurzes Beispiel für die Benennung von Zielwerten für ein Service Team der Kapazitätsstufe 2.

Bereich	Leistungsgröße	Meßgröße	Zielwert	Anteil an Beurteilung MA
Schaden Komplexstufe 2				
	Schnelligkeit	Mittlere Durchlaufzeit (Σ Endtermin – Eingang Arbeitskorb)/Anzahl erledigter GeVos	10 Tage	30%
	Korrektes Arbeiten	Nacharbeitsquote Anzahl Ergebnisse ohne Nacharbeit/Anzahl erledigter GeVos	95%	20%
	Produktivität	Anzahl abgeschlossener GeVos pro Jahr (Σ Aufwand abgeschlossene GeVos)/ Anzahl geplanter GeVos	100%	20%
	Qualität	Schadenquote Schadenquote bei allen geschlossenen Schäden im Jahr	70%	30%

Abbildung 43: Leistungskenngrößen

7.2 Industrialisierung einer komplexitätsgesteuerten Kundendienst- und Betriebsstelle

In der folgenden Betrachtung sollen wesentliche Aspekte der Industrialisierung, die in Abschnitt 3.1 beschrieben sind, am Beispiel einer komplexitätsgesteuerten Kundendienst- und Betriebsstelle weiter detailliert werden. Gemäß der Dar-

Industrialisierung in Versicherungsunternehmen 87

stellung der Prioritäten der Industrialisierungspotenziale in Versicherungsunternehmen bewegen wir uns dabei im unten abgebildeten Bereich.

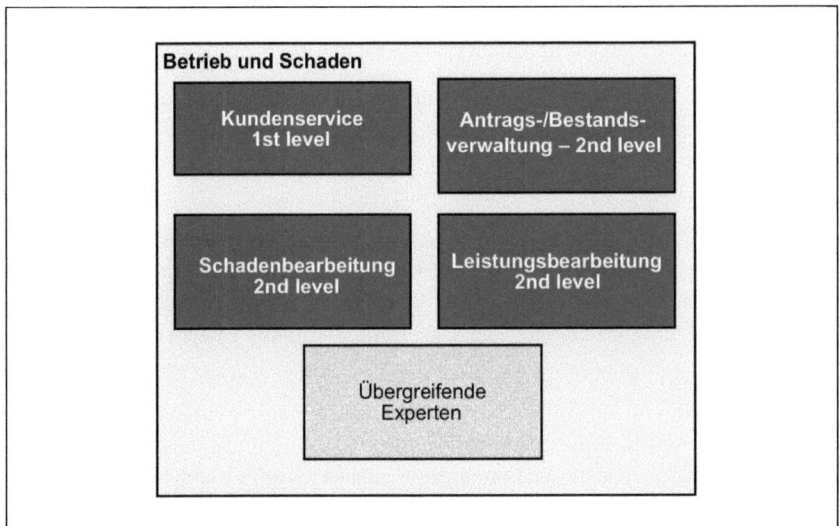

Fall 2:
Schaden-Exzellenz-Bewertungsmatrix

Abbildung 44: Schwerpunkte der Industrialisierung

Die Komplexitätsstufen werden in der Designphase des Industrialisierungsprojektes festgelegt, dies ist ein sehr elementarer und weit reichender Arbeitsschritt. Ergebnis dieses Arbeitsschrittes ist ein Geschäftsvorfallskatalog, der eine trennscharfe fachliche Zuteilung der eingehenden Geschäftsvorfälle liefert.

In der weiteren Betrachtung dieses Beispiels konzentrieren wir uns auf die Schritte 3-5 des Phasenplans aus Abschnitt 4.1.

Dies beeinflusst dann wesentlich die Post- und Anrufverteilung und muss als einziges Kriterium der Arbeitsverteilung konsequent verwendet werden. Hier werden dann organisatorische Gewohnheiten (wie zum Beispiel Arbeitsverteilung nach Versicherungsscheinnummer, Regionen, Außendienstbezirken etc.) hinfällig.

Anhand der Geschäftsvorfallszuteilungen kann nun für die einzelnen Komplexitätsteams ein Personalgerüst errechnet werden, indem man die Anzahl der insgesamt zugeteilten Geschäftsvorfälle mit einem geschätzten Arbeitspensum pro Teammitglied pro Jahr multipliziert.

Methodenansatz Spezialisierung
3. Schritt:
Organisatorischer Blue Print

Die Festsetzung dieser Arbeitspensen wird generalisiert (das heißt, jedes Teammitglied muss das gleiche Arbeitspensum erledigen) festgesetzt und fortlaufend pro Jahr überprüft bzw. angepasst.

Wir werden uns im Folgenden nun der Ausgestaltung der „industrialisierbaren" Teile zuwenden und weniger der Ausgestaltung der „Einzelfertigungsteile" also der höchsten Komplexitätsstufe. Aber auch bei der Komplexitätsstufe 1 sind technische Mindestanforderungen zu schaffen, um hier die Kommunikation mit den Teams der anderen Komplexitätsstufen zu gewährleisten.

Ausgehend von einer zentralen Kundendienst- und Betriebsstelle mit Call Center Funktionalität wird das Vorhandensein einer zentralen Posteinheit sowie einer davon möglicherweise auch örtlich getrennten Spezialisteneinheit vorausgesetzt.

Das folgende Schaubild verdeutlicht einen möglichen organisatorischen Aufbau einer solchen Kundendienststelle. Hier wurde das Expertenteam ausgegliedert (vielleicht in die Hauptverwaltung des Versicherers) und die Betriebsstelle ist zentral in drei Einheiten organisiert: Telefonie, einfache Bearbeitung, mittlere Bearbeitung.

Bzgl. der Spartenaufteilung ist normalerweise nur eine spartenübergreifende Bearbeitung in der Komplexitätsstufe 3 sinnvoll. Meistens genügt darüber hinaus das spartenspezifische Wissen eines Sachbearbeiters nicht aus, um mehrere Sparten qualitativ hinreichend zu beherrschen.

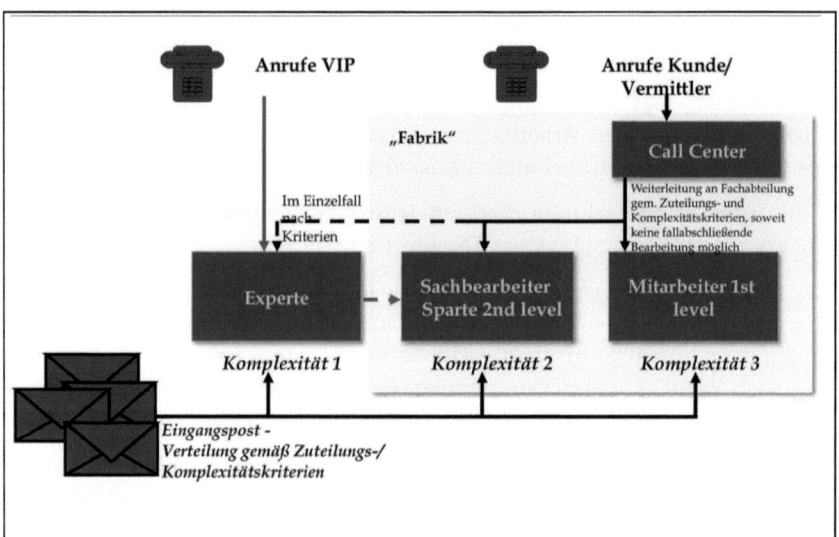

Abbildung 45: Beispiel Versicherungsfabrik

Praktisch funktionieren die Arbeitsabläufe nun wie folgt. Die täglich eingescannte und indizierte Post wird (möglichst weitgehend automatisiert) nach den Komplexitätskriterien sortiert und in den Arbeitskorb des Teams als Arbeitsauftrag eingestellt. Der Teamarbeitskorb wird nach Service Level Agreements abgearbeitet (zum Beispiel alle Eingangspost wird tagesaktuell abgearbeitet, der Kunde wird innerhalb von 2 Stunden zurückgerufen usw.) und dient der Leistungsmessung sowohl des Teams als auch der einzelnen Mitarbeiter. Hier wird ebenfalls der Status der einzelnen Bearbeitungen erkennbar und somit für den Teamleiter sichtbar.

Je genauer und qualitativ hochwertiger das Workflow System nun die weitere Sachbearbeitung unterstützt, umso effizienter und besser wird das Team arbeiten können. Hier sind je nach Geschäftsvorfällen Funktionalitäten wie

- Elektronischer Antrag (automatische Policierung in zum Beispiel 50% der Fälle)
- Sinnvolle Einbindung fachlicher Regelwerke (zum Beispiel Schadenmanagement, automatische Wieder- und Terminvorlage, automatisches Triggern externe Prozesse, automatischer Dokumentenversand...)
- Führen einer elektronischen Akte (über die Postverteilung hinausgehend)
- Integrierte Internetanbindung zur externen Kommunikation und Informationsbeschaffung
- Wissensmanagement zur weiteren Qualitätsverbesserung
- uvm.

zu nennen.

Jedes Bearbeitungsteam hat hier seine eigene Leistungsvorgabe, seine eigenen Entwicklungsmöglichkeiten und Entlohnungen. Klar ist, dass die Stückzahlvorgabe der zu bearbeitenden Geschäftsvorfälle bei sinkender Komplexitätsstufe (von 3 zu 1) immer geringer wird.

Steuerung der einzelnen Einheiten

Das Leistungsmanagement, die Weiterbildung und die Rekrutierung neuer Mitarbeiter sind an vordefinierten Standards und Messgrößen orientiert. Das Qualitätsmanagement ist einerseits an der Kundenzufriedenheit und andererseits an durch die Sachbearbeitung beeinflussbaren Größen wie der Schadenquote etc. orientiert.

Die hierbei zu erwartenden Effekte bei konsequenter Umsetzung sind wie folgt:

Effekte

- Erhöhung der Qualität in den Teams durch Konzentration auf spezielle Geschäftsvorfälle und zielgerichtete Ausbildung und Controlling
- Streamlining der Prozesse mit starker Standardisierung und damit Erhöhung der Geschwindigkeit durch „Fließbandeffekt" in den Komplexitäten 2 und 3
- Effizienterer Einsatz von teueren Spezialisten (minderkomplexe Fälle werden nicht mehr von den spezialisierten Mitarbeitern mitbearbeitet)

- Optimierte Auslastungssteuerung durch Größeneffekte und sich angleichendes Know How im Team
- Management der Kundenzufriedenheit durch Service Level Agreements auf Teamebene
- Benchmarking zum Controlling/Erfolgsanalyse mit Möglichkeit der Leistungsanreize auf Teamebene
- Möglichkeit der mittelfristig geringeren Infrastruktur- und Technikkosten bei zentraler Versicherungsbetriebsfabrik

Notwendigkeiten zur Umsetzung des Organisationskonzepts

Um eine „Versicherungsfabrik" in diesem Sinne effizient organisieren zu können, sind gewisse technische Rahmenbedingungen unabdingbar. Das folgende Schaubild fasst die grundlegenden Anforderungen zusammen:

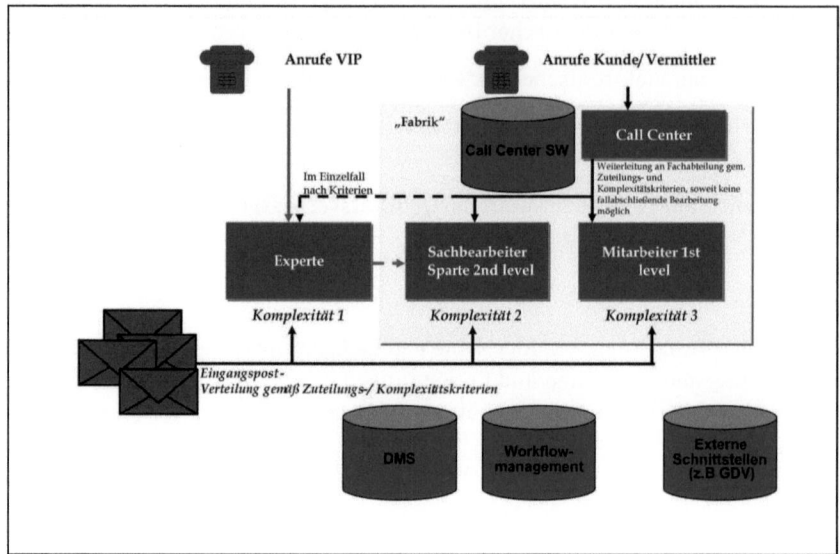

Abbildung 46: Technische Anforderungen

Technische Notwendigkeiten zur Umsetzung des Organisationskonzepts

Die gesamte Organisation ist abhängig von der effizienten und eindeutigen Zuteilung der eingehenden Geschäftsvorfälle. Dies ist möglich durch die Nutzung moderner Workflowmanagementsysteme mit der Anbindung an ein Dokumentenmanagementsystem. Diese Systeme erlauben es, eingehende Poststücke zu digitalisieren und zeitnah elektronisch in Form eines Arbeitspaketes in den Arbeitskorb des jeweils zuständigen Sachbearbeiterteams zu leiten.

Weiterhin ist durch das Führen einer elektronischen Akte die sachbearbeiterunabhängige Form des Arbeitens möglich (Kapazitätsauslastung). Hier liegt im positiven Fall alles an Informationen beisammen, um arbeitsplatzunabhängig einen bestehenden Fall (weiter-)bearbeiten zu können.

Es stellt sich hier allerdings das Problem, dass nur durch eine gelungene Integration dieser Systeme in die Bestandsführungssysteme etc. eine nachhaltige Optimierung erzielt wird.

In der Praxis ist häufiger zum Beispiel das Problem anzutreffen, dass die Bestandsführungssysteme kein passendes Datenmodell für die Koppelung der Gruppen-/Rahmenvertragsebene mit der der Einzelrisiken haben. Daraus ergibt sich dann das Problem, das eine geschäftsvorfallsbezogene Sicht zur Unterscheidung der Komplexität nicht möglich ist. Oftmals ist nämlich gerade hier (Rahmenvertrag vs. Einzelrisiko) der qualitative Unterschied in der Bearbeitung zu sehen. Ist es gelungen, alle im „übergreifenden" Rahmenvertrag gemachten Einträge elektronisch vorzuhalten und automatisch an die Einzelrisiken weiterzugeben, so wird es möglich, zum Beispiel auf Einzelrisikoebene zu arbeiten, ohne das gesamte Vertragswerk durchblicken zu müssen. Es ist aber auch nicht selten, dass Elemente des Rahmenwerks ganz oder teilweise noch auf Papier in einem Schrank eines speziellen Sachbearbeiters geführt werden, so dass hier jegliche Zuteilung trivialer Geschäftsvorfälle an die Teams von vorneherein unmöglich ist.

Aufgrund des Entwurfs wird nun eine komponentenweisen Auflistung der notwendigen Maßnahmen (High-Level!) erarbeitet.

Organisatorisch könnte dies bedeuten, dass erste Standortfragen und Kapazitätszahlen grob geklärt werden, technisch werden hier die notwendigen technischen Investitionen aufgelistet (zum Beispiel Notwendigkeit eines neuen Schadensystems, eines DMS, eines WfMs,...)

4. Schritt: Evaluierung der notwendigen organisatorischen und technischen Komponenten

Aus den im 4. Schritt aufgelisteten Komponenten wird ein Umsetzungsplan mit einer auf der Zeitschiene bewerteten Kosten-/Nutzenrechnung erstellt (ebenfalls High Level), um zu einer gesamten Beurteilung des Vorhabens zu gelangen.

5. Schritt: Aufstellungen eines Masterplans und Business Cases

Für alle weiteren Schritte ist dieser Plan dann die „Landkarte" und auch die fachliche Basis für die Umsetzung.

7.3 Technologiekonzepte zur Industrialisierung

7.3.1 Überblick

Überblick   Ausgehend vom vorhergehenden Abschnitt lässt sich die Notwendigkeit der Umsetzung folgender technischer Konzepte ableiten.

- Dokumenten Management Systeme
- Workflow Management Systeme
- GDV Schnittstellen Systeme
- CRMS ysteme
- BI/Data Warehouse Systeme

Vorweg sei jedoch betont, dass alle diese Konzepte den Einsatz effizienter und moderner Bestandsführungs- und Schadensysteme sowie Buchhaltungssysteme erfordern. Diese müssen, an den Geschäftsprozessen orientiert, mit den genannten Systemen verknüpft werden, um einen nachhaltigen Optimierungseffekt erzielen zu können.

Darüber hinaus ist zukünftig mit einer höheren Bedeutung für weitere technische Konzepte zu rechnen, die aktuell noch nicht ausgereift sind oder noch nicht zur Verfügung stehen.

- DE-M ail
- Qualifizierte elektronische Signatur

Dokumenten Management   Im Sinne der in Kapitel 3.1 beschriebenen industriellen Exzellenz stellt das Dokumentenmanagementsystem eine zentrale Komponente dar. Durch den Einsatz eines DMS ist die Erschließung vieler Automatisierungspotenziale in einem Versicherungsunternehmen erst möglich, da der größte Teil der Geschäftsvorfälle die Einbeziehung von Dokumenten (Anträge, Versicherungsscheine, Prämienrechnungen, Schadenmeldungen, etc.) erfordert. Daneben sind auch originär elektronisch zugestellte Dokumente wie zum Beispiel e-Mails und Faxe oder Informationen aus telefonischen Kontakten zu berücksichtigen. Die digitale Verfügbarkeit der Dokumente bildet die Grundlage für die Automatisierung der Prozesse. Dies aus einer Vielzahl von Gründen, einige werden im Folgenden genannt.

- Die Arbeitsverteilung in den Betriebs- und Schadenabteilungen eines Versicherungsunternehmens basiert weitgehend auf der Zuteilung der eingegangenen Post (inkl. FAX, E-Mails) und der dort eingehenden Anrufe. Wenn es hier nicht gelingt, die dort eingehenden Informationen zu digitalisieren und jedem schnell verfügbar zu machen, ist keine industrialisierte Arbeitsverteilung möglich. Weder das Controlling der Service Levels noch die gleichmäßige Auslastung der Teams ist effizient auf reiner Papierbasis steuerbar.

- Die Information, die in den Schriftstücken enthalten ist, ist im Normalfall nicht vollständig im Bearbeitungssystem (Schaden-/Bestandssystem,...) enthalten. Das bedeutet, dass bei der weiteren Bearbeitung eines Falles, häufig wiederum das Schriftstück hervorgeholt werden muss. Dies macht dann das Führen einer Akte vor Ort nötig und damit die Bindung des Falles an einen speziellen Sachbearbeiter (oder alternativ die langwierige Hin-/Herbeischaffung des Schriftstücks aus einem Aktenarchiv).
- Erfahrungen haben gezeigt, dass es selbst bei einem sehr detaillierten IT-Bearbeitungssystem (Schaden, Bestand,...) selten gelingt, alle Informationen einzubringen und wenn, dann nur um den Preis eines sehr teueren, weil alle Einzelfälle abbildenden Systems.
- Die elektronische Archivierung ist darüber hinaus aus rein aktenverwaltender Sicht ein Muss für alle modernen, kostenbewussten Unternehmen.
- Die für die Industrialisierung notwendigen Anpassungen der Organisation sind unter Einsatz von DMS und Workflow Management Systemen sehr viel flexibler und schneller umsetzbar (Unabhängigkeit der Organisation vom Ort der Archivierung der Dokumente, paralleler Zugriff auf Dokumente, etc.).

Daneben spielen auch regulatorische Vorschriften eine bedeutende Rolle. In diesem Zusammenhang ist insbesondere die GDPdU (Grundsätze zum Datenzugriff und zur Prüfbarkeit digitaler Unterlagen) zu erwähnen, die die elektronische Archivierung und Überprüfbarkeit von originären elektronischen Dokumenten vorschreibt.

Das Dokumentenmanagementsystem bleibt auf halbem Wege stecken, wenn eine Anbindung an ein Workflow Management System (ab hier kurz: WfMS) fehlt. Die Steuerung der Geschäftsprozesse ist durchgehend von Dokumenten begleitet, sie wird häufig durch sie angestoßen. Minimal steuert ein WfMS die Arbeitsverteilung und stellt die eingegangenen Dokumente an der bearbeitenden Stelle zur Verfügung. Während in der Bearbeitung von Geschäftsvorfällen, in die mehrere Arbeitsgruppen involviert sind, der Ablauf nur mit Verzögerungen - bedingt durch fehlende Informationen zum vorhergehenden Arbeitsschritt oder durch Liege-/Transportzeiten von Papierdokumenten- voranschreitet, ist durch Einführung eines WfMS ein unterbrechungsfreier Ablauf möglich.

Workflow Management

Wie in Abschnitt 7.1 dargelegt hängt der nachhaltige Erfolg der Industrialisierung entscheidend vom kontinuierlichen Controlling der Ergebnisse und der Basisannahmen ab (Benchmarking). Mittels WfMS ist über die Auswertung des tatsächlichen Ablaufs der Prozesse (siehe Abschnitt 7.3.2.2) eine Optimierung der Prozesse und eine Aussage über Anpassungsbedarfe bzw. Engpässe der Organisation hierfür möglich. Die Auswertungen sollten hier insbesondere

Zugangs- und Abgangsstatistik: stellt den Anfangs- und Endbestand der bearbeiteten Anträge je Vorgangsart dar

Produktivitätsstatistik/Durchlaufstatistik: tatsächlich erfolgte Bearbeitungsdauer zum Beispiel je Vorgangsart, Bearbeitungsschritt, etc.

Rückstandsstatistik: Bearbeitungsstand

enthalten.

Die maschinelle Hinterlegung der vorstrukturierten Abläufe gewährleistet eine gleich bleibende Bearbeitungsfolge auch für seltenere Vorgänge. Damit ist insbesondere die Einarbeitungszeit in neue Abläufe deutlich zu verkürzen.

Eine Erhöhung der Bearbeitungsqualität als auch eine wesentliche Verringerung der Schadenquoten können mittels der Hinterlegung von Regeln zur Vorgangsbearbeitung erzielt werden (zum Beispiel Einbindung von externen Partnern).

GDV-Schnittstellen   Der GDV-Datensatz ist eine einheitliche formale Schnittstellenbeschreibung und trägt somit zur Harmonisierung der Geschäftsprozesse innerhalb des deutschen Versicherungsmarktes bei. Jede Übereinstimmung mit den GDV-Datensätzen bedeutet in diesem Zusammenhang die Erfüllung technischer Voraussetzungen, damit verschiedene elektronische Nachrichten und Datenmengen aus unterschiedlichen Quellen miteinander verknüpft werden können. Dieses Ziel wurde unter dem Begriff EDI zusammengefasst. EDI steht für „Electronic Data Interchange" und bezeichnet den elektronischen Austausch einheitlich strukturierter Daten zwischen verschiedenen Systemen zur Abwicklung von kommerziellen und verwaltungstechnischen Transaktionen (Geschäftsvorfällen). Durch die Vermeidung von Medienbrüchen sollen die übermittelten Daten vollautomatisch übernommen und weiterverarbeitet werden können. Die fachlich standardisierten GDV-Datensätze gestatten den effizienten und mehrfachen Einsatz einmal entwickelter Kommunikationskomponenten. Damit werden kostenintensive Mehrfachentwicklungen für unterschiedliche Kommunikationswege in der Versicherungswirtschaft vermieden.

Um das formulierte Ziel zu erreichen, wurde der GDV-Datensatz „VU-Vermittler" entwickelt. Dieser ermöglicht den vollautomatischen elektronischen Datenaustausch zwischen Versicherungsunternehmen und Vermittlern. Mit dem GDV-Datensatz „VU-Vermittler" als die standardisierte Schnittstellenbeschreibung der Versicherungswirtschaft können den Vermittlern etwa Bestands-, Inkasso- oder Schadeninformationssätze durch die Versicherungsunternehmen zur Verfügung gestellt und die damit zusammenhängenden Geschäftsprozesse zwischen den beteiligten Kommunikationspartnern erheblich vereinfacht und damit kostengünstig gestaltet werden.

Die Schaffung einer optimalen Schadennetzlösung stellte in den vergangenen Jahren für Versicherungsunternehmen, Makler und Schadendienstleister eine anspruchsvolle Herausforderung dar. Um diese Herausforderung zu bewältigen wurde z. B. das GDV Schadennetz entwickelt.

Ein klassisches Anwendungsgebiet für CRM Systeme sind Vertriebs- / und Serviceorganisationen, die über verschiedene Kanäle (Telefon, Internet, Makler, etc.) ihre Produkte und Dienstleistungen anbieten. Im Versicherungsumfeld finden solche Systeme vor allem im Bereich Schadenbearbeitung (Call Center) sowie im Kunden Service Center (hier vor allem bei Direktversicherern) und in der Vertriebsunterstützung Einsatz. CRM Systeme

Schwerpunkt dieser Systeme ist die schnelle und übersichtliche Bereitstellung der wesentlichen Kundendaten über alle Kommunikationskanäle hinweg. So sollen beispielsweise bei einer telefonischen Kontaktaufnahme bereits über die Telefonnummer oder Name und Adresse unmittelbar alle Versicherungsverträge, Kontakthistorien und Partnerdaten angezeigt werden können.

Im Bereich der Versicherungswirtschaft werden BI- und Data Warehouse Systeme vorwiegend in folgendem Kontext eingesetzt. BI/Data Warehouse Systeme

- Analyse von Kundendaten für Vertriebs-, Produktentwicklungs- und Marketingstrategien BI (Business Intelligence)
- Prognose der Abwanderungswahrscheinlichkeit
- Beurteilung von Kunden-/Schadenrisiken
- Analyse der Profitabilität und Produktivität
- Controlling
- Simulationen, Stress-Tests

Da die hierbei zum Einsatz kommenden statistischen Verfahren jedoch eine große Datenmenge voraussetzen, um zuverlässige Aussagen zu erhalten kommen die BI- System überwiegen bei Massenprodukten zum Einsatz.

Der Bereich der gewerblichen- und Industrieversicherung weist jedoch nur in eingeschränktem Maße die notwendigen Mengengerüste und Homogenität der Kundengruppen für einen sinnvollen Einsatz solcher Systeme auf.

Neben der klassischen Aufgabe eines DW zur Speicherung aller unternehmensrelevanten Daten und als Datenhaltungsbasis für zentrale Anwendungssysteme ist hier besonders der Aspekt hervorzuheben, dass über das DW die Kennzahlen (s. Kapitel 4.2.1.1. und 7.1), die für die effektive Steuerung des Unternehmens aber auch einzelner Geschäftsprozesse erforderlich sind, automatisch und in regelmäßigen Abständen ermittelt werden. Data Warehouse (DW)

Dazu muss das DW aus allen wesentlichen Kernsystemen eines Versicherungsunternehmens (Bestandsführungssystem, Schadensystem, Provisionssystem,

Buchhaltung, etc.) als auch externen Datenquellen (Benchmarks) Informationen sammeln und verdichten.

7.3.2 Workflow Management / BPM

7.3.2.1 Workflow Management im Versicherungsunternehmen

Workflow Management in Versicherungsunternehmen

Ein Nutzen bringender Einsatz von Workflow- Managementsystem (kurz WfMS) ist vor allem bei strukturierten Prozessen, zu denen auch die folgenden zählen, zu sehen.

- Antragsbearbeitung
- Änderung von Vertrags- und Kundenmerkmalen
- Kündigung, Storno, Ablauf
- Schaden-/Leistungsbearbeitung
- Termin- und Vorgangsüberwachung, Wiedervorlage
- Partnerverwaltung

Der Sachbearbeiter bzw. Anwender kann auf Prozesse für die innerhalb eines WfMS kein Prozessmodell definiert worden ist über Ad-Hoc Workflows, zum Beispiel in Form von Weiterleitungsfunktionen oder unmittelbarem Anstoß von Teilprozessen, reagieren.

Beispielhaft für strukturierte Abläufe geben wir unten einen Workflow zur Schadenbearbeitung an, der auf der Basis einer Zuteilungsregel eine hohe Qualität der Bearbeitung und eine möglichst kurze Bearbeitungszeit sicherstellen soll.

Industrialisierung in Versicherungsunternehmen

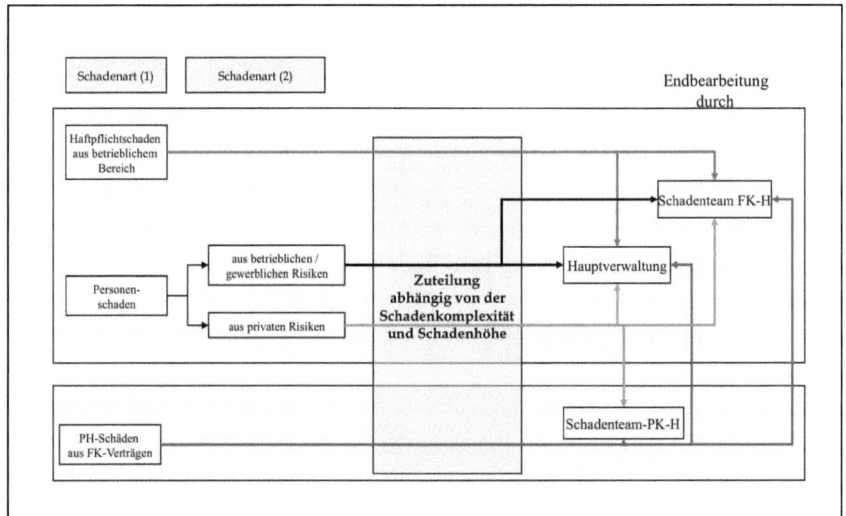

Abbildung 47: Workflow Schadenzuteilung nach Schadenart

Der Geschäftsprozess wird definiert durch den Ablauf der einzelnen Teilprozesse. Falls notwendig, kann bis zum Elementarprozess weiter untergliedert werden.

Was können WfMS leisten

Um die Teilprozesse durchzuführen, benötigt und erzeugt die durchführende Organisationseinheit Informationen. Diese werden von Menschen oder Programmen bearbeitet. Dafür benötigen sie Informationen und Regeln. Die einzelnen Teilprozesse können an verschiedenen Orten zu unterschiedlichen Zeiten von verschiedenen Programmen oder Personen bearbeitet werden.

Die Workflow-/Vorgangssteuerung steuert dabei den Arbeitsfluss zwischen allen beteiligten Personen und Teilprozessen. Dazu gehören insbesondere die Verteilung einzelner Arbeitsschritte auf die Organisationseinheiten und die Steuerung der zeitlichen Abfolge eines Geschäftsprozesses (inklusive Terminsteuerung/Wiedervorlage).

Die Workflow-/Vorgangssteuerung übernimmt folgende Funktionen:

- Steuerung der Geschäftsprozesse sowie der Teilprozesse innerhalb eines Geschäftsprozesses bis hin zu den Anwendungsbausteinen
- Kommunikation, Datenaustausch und Datenzuordnung zwischen Geschäfts- und Teilprozess
- Zuständigkeits-, Berechtigungs- und Freigabeprüfungen
- Bereitstellung von Arbeits- und Postkorbfunktionen
- Historisierung und Archivierung von Geschäftsprozessen

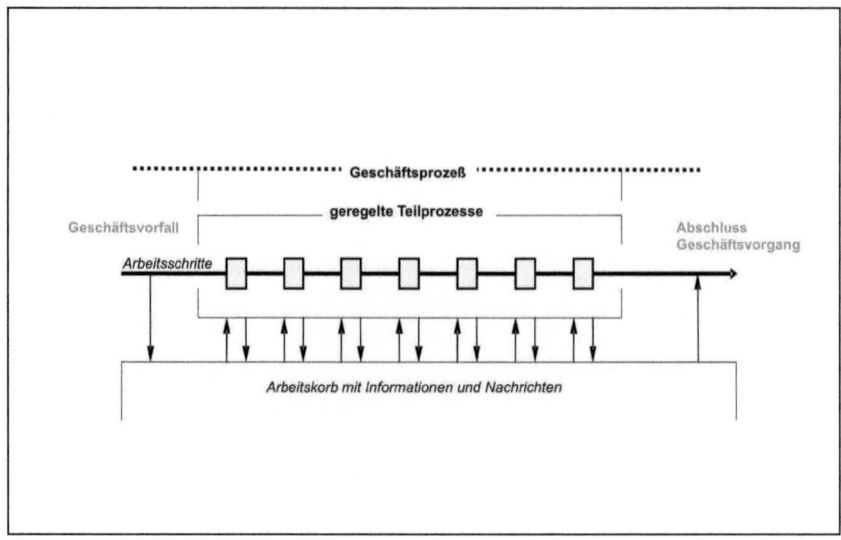

Abbildung 48: Fachliche Sicht eines Geschäftsprozesses

7.3.2.2 Ziele für ein WfMS

Ziele des Workflow Managements
Das Hauptziel des Workflow Managements ist es, den Arbeitsfluss so zu organisieren, dass die anfallende Arbeit zum richtigen Zeitpunkt von/mit der richtigen Ressource (Person, Gerät) ausgeführt wird. Dies erlaubt die Aufzeichnung, Auswertung und darauf basierend die Optimierung der Prozesse. Wurden bisher überwiegend Teilbereiche und Teilaktivitäten von Unternehmen automatisiert, so soll jetzt zuallererst Wert auf die Zusammenhänge der Geschäftsprozesse gelegt werden und erst anschließend über die Automatisierung einzelner Teilprozesse nachgedacht werden. Ziel ist also eine automatisierte Prozesssteuerung.

Fachliche Ziele
Auf der fachlichen Seite ermöglicht Workflow die Kontrolle/Übersicht über einen Geschäftsprozess ab Bekanntwerden eines Kundenwunsches im Unternehmen, ggf. sogar ab erster Kontaktaufnahme und Akquisition des Vermittlers.

In diesem Zusammenhang sollen mit dem Einsatz von Workflow folgende Ziele erreicht werden:

- ständige Auskunfts-/Service-Bereitschaft gegenüber dem Kunden durch Führen einer Historie zu allen abgeschlossen und laufenden Geschäftsprozessen eines Kunden (Verträge, Ablehnungen, Schäden, Hypotheken, Mahnungen usw.)

- schnellere Bearbeitung von Kundenwünschen durch Vermeidung/Reduzierung von internen Laufzeiten und Zugriffszeiten auf Dokumente
- Unterstützung der „Sachbearbeitung in einer Hand" durch Bereitstellen einer entsprechenden technischen Infrastruktur (Zugriff auf Dokumente aller Art, zum Beispiel in Archiven, von jedem Arbeitsplatz aus).
- Transparenz der Geschäftsprozeßbearbeitung
- Unterstützung von strukturierten und unstrukturierten Prozessen im Sinne von „Best Practices". Die heutige Unterstützung der Sachbearbeitung im VU ist fast ausschließlich durch die Abbildung starr strukturierter Prozesse realisiert. Bei Prozessen mit unmittelbarem Kundenkontakt wird dies nicht immer möglich sein.
- Wissensmanagement

Auf der technischen Seite ermöglicht Workflow als Steuerungsebene die Trennung von Ablauf- und Anwendungslogik *Technische Ziele*

Dadurch können folgende Ziele erreicht werden:

- Modularisierung der Software
- Integration von Softwarebausteinen, die von unterschiedlichen Unternehmen entwickelt werden können
- durchgängige maschinelle Unterstützung von Geschäftsprozessen

7.3.2.3 Anforderungen an ein WfMS

Die Steuerungsebene übernimmt in der Versicherungs- Anwendungsarchitektur (kurz VAA) die Steuerung der Geschäftsprozesse. Dies beinhaltet einerseits „klassische" Workflow-Funktionen wie *Funktionale Anforderungen*

- Zu- und Weiterleitung
- Protokollierung
- Ermittlung von Zuständigkeiten anhand gegebener Organisationsmodelle
- Termin- und Ereignisverwaltung

Andererseits sind dies anwendungssteuernde Funktionen wie

- Ermittlung der nächsten zu startenden Anwendung
- Unterstützung eines Transaktionskonzeptes
- Ermöglichen von Unterbrechung / Abbruch

Einige Funktionen (wie zum Beispiel Termin- und Ereignisverwaltung) können dabei zum einen als Funktion der Steuerungsebene implementiert werden, sie können aber auch über Dienstsysteme realisiert werden, wobei die Steuerungsebene dann diese Dienste nutzen können muss.

Technische Anforderungen Zunächst beinhalten die technischen Anforderungen an die Steuerungsebene diejenigen Anforderungen, die bezüglich

- Interoperabilität
- Portierbarkeit
- Konfigurierbarkeit
- Plattformunabhängigkeit

an die VAA insgesamt gestellt werden.

Zusätzlich sind von der Workflow-/Vorgangssteuerung folgende Anforderungen zu erfüllen:

- Ermöglichen der Integration von nicht-VAA-konformen Anwendungen. Dies bedeutet, dass er neben dem DV-Vorgang auch die Möglichkeit bieten muss, andere Anwendungen anzusteuern. Die Workflow-/Vorgangssteuerung übernimmt damit bei der Migration zu einer VAA eine zentrale Rolle.

- Eine Zusammenarbeit mehrerer, evtl. auf verschiedene Lokalitäten verteilter Workflow-Manager muss möglich sein. Die Art und Weise der Zusammenarbeit orientiert sich an den von der Workflow Management Coalition (WfMC) definierten Interoperabilitätsleveln. Eine Minimalanforderung ist hier die Unterstützung des Levels 3. Dieser Level besagt, dass es möglich sein muss, eingebettete Teile von Geschäftsprozessen (Teilprozesse) vollständig von einer anderen Workflowsteuerung ausführen zu lassen, wobei diese die Kontrolle nach der vollständigen Ausführung des Teilprozesses an die rufenden Workflowsteuerung zurückgibt.

- Der Workflow-Manager kann eine Reihe von workflownahen Diensten wie Terminverwaltung, Benutzerverwaltung usw. enthalten, muss aber auch in der Lage sein, diese Dienste, wenn sie bereits vorhanden sind, zu benutzen. Diese Anforderung resultiert aus der Tatsache, dass es in vielen Unternehmen diese oder ähnliche workflownahen Dienste bereits gibt und nicht im Rahmen der Einführung eines Workflowsystems vergleichbare Dienste ein zweites Mal installiert werden sollen. Andererseits muss beim Nichtvorhandensein dieser Dienste der Workflow-Manager diese Dienste bereitstellen.

Zusätzlich ergeben sich Anforderungen bzgl. Performance und Durchsatz, die aus den Mengen der zu verarbeitenden Geschäftsprozesse resultieren:

- Sicherstellung von für den Benutzer akzeptablen Antwortzeiten. Zu beachten ist, dass diese Antwortzeiten nur z.T. von der DV-Vorgangssteuerung beeinflusst werden können. Den größeren Einfluss haben die Anwendungsbausteine selbst sowie andere Komponenten der Architektur wie zum Beispiel der Datenmanager.

- Ermöglichen eines Durchsatzes von mehreren Millionen DV-Vorgängen (auch des gleichen Typs) pro Tag in einem System

Über die Autorin

Nach Abschluss ihres Studiums zur Diplom Mathematikerin promovierte Dr. Gabriele Jakoby an der RWTH Aachen im Fachbereich Mathematik/Informatik/Physik.

Nach ihrer Tätigkeit als Referentin eines großen deutschen Versicherungskonzerns war Dr. Gabriele Jakoby viele Jahre als Beraterin und Senior Managerin einer internationalen Unternehmensberatung im Bereich Finanzdienstleistungen/Versicherungen tätig.

In Zusammenarbeit mit verschiedenen Kunden aus führenden nationalen und internationalen Versicherungskonzernen hat sie die aktuelle Wettbewerbs- und Ertragssituation in den Kernbereichen analysiert und Vorschläge zur Optimierung erarbeitet. Durch die von ihr entwickelten und geleiteten Umsetzungsmethoden in den Bereichen Strategie, Geschäftsprozesse und Aufbauorganisation wurden deutliche Verbesserungen in der Wettbewerbssituation der Kunden erreicht.

Schwerpunkte ihrer Tätigkeit sind die Strategie und Unternehmensführung, Management und Organisation der Schaden- und Leistungsbearbeitung und der Versicherungstechnik.

Seit 2003 ist sie geschäftsführende Gesellschafterin der Jakoby Zwack GmbH, einer Unternehmensberatung, die sich speziell auf die Beratung von Versicherungskonzernen ausgerichtet hat.

Stichwortverzeichnis

Abgabegründe 44
Allokation 10, 13, 14, 15, 22, 24, 33, 35, 53
- Ansatz 12
- Bildung 12, 14, 15, 16, 19, 23, 31, 32, 49
- Liste 77
- Modell 14, 15, 16, 19, 31, 45, 49, 53, 54, 71, 72, 76

Anfangsinvestition 52
Anrufdauer Call Center 85
Arbeitspsychologie 42
Arbeitsrückstand, Durchlaufzeit 46
Arbeitsverteilung 14, 16
- Prozess 16
- Regeln 10

Arbeitszuteilung 9
Aufgabenklarheit 43
Auslastung
- Problematik 41
- Steuerung 90

Automatisierbarkeit 26
Automatisierung 17, 25, 59, 84
- Potenzial 92

Automatisierungs-/Standardisierungsgrad der Prozesse 33

Back Office 77, 78
Balanced Score Cards 84
Bearbeitung
- Kosten 34
- Qualität 16

Bearbeitungsvorgänge mit geringer Komplexität 25
Benchmarking 17, 90
Best Practice
- Analyse 45
- Sammlung 41

Bestandsführungssystem 86

Betriebskosten 11, 34, 46, 53, 69
- Aspekt 34
- Quote 75

Betriebsstelle 86
Betriebs- und Schadenbereich 18
Betrugsverdacht 72
Beurteilung des Schadens 34
Beurteilungskriterien zur Komplexität 25
Bewertung 12, 80
- Kriterium 46
- Matrix 83
- Matrize 81
- Methodik 12
- Raster 80

BI/Data Warehouse Systeme 92
Blue Print 40, 41
Business Case 68, 83

Chaosprinzip 13
Combined Ratio 35, 46
Controlling 17, 18
Controlling/Erfolgsanalyse 90
Controllingsystem 84
CRM 95
- Software 19
- Systeme 92

Data Warehouse 86
Datenmodell 91
Datenqualität 85
DE-Mail 92
Design-Prozess 15
Dienstleister 78
Dienstleistungsgesellschaft 79
Dokumentenmanagementsystem 86, 90, 92
Durchlauf- und Bearbeitungszeit 16
Durchlaufzeit 85

E2-Portfolio 34
- Matrix 75
E2 Strategie-Portfolio 32
EDI 94
Effektivität 34
Effizienz 34
Eigenschaft 55
Einarbeitung 27
- Zeit 44
Einzelfertigung 17
- Mentalität 70
Elektronisch
- Archivierung 93
- Akte 89, 90
- Antrag 89
- Signatur 92
Erfahrungswert 45
Erfolgsanalyse 17
Ergebnis
- Dokument 47
- Verantwortung 42
Erkennung der Komplexitätsstufe 44
Erstkontakt 77
Experten Hauptverwaltung 61

Fabrikfertigung 11, 16, 17
Fachliche Kompetenz 24
Fachliche Komplexität 23
Fallabschließende Bearbeitung 43
Fallbeispiel 49
Fehlallokation 14
Finanzbuchhaltung 19
Flexibilität 41
Fließbandfertigung 43
Fluktuation 46
Führungspersönlichkeit 42
Führungsstruktur 41

GDPdU 93
GDV-Datensatz 94
GDV Schnittstellen Systeme 92
Gesamtprojekt 31

Gesprächssteuerung 43

Häufigkeit 26
Hochkomplexe Vorgänge 25
Hohe Komplexität 26

Industrialisierung 11, 12, 16, 17, 18, 19, 24, 35, 84
- Schwerpunkt 18
- Strategie 35
- Vorhaben 84
Industrielle Exzellenz 17, 19
Industriestandards 11
Internetanbindung 89
Interoperabilität 100
Investition 32
- Kosten 51
- Volumen 53
IT
- Budget 53
- Organisation 19
- Ressourcen 52

Kapazität
- Auslastung 90
- Kennzahl 85
- Planung 17
Kenngrößen 35, 53
Kennzahl 85
Kernbereich 18
Kerngeschäftsfeld 17
Kernprozess 17
Komplexität 23, 25, 42, 43
- Betrachtung 16, 23, 26, 42
- Grad 25
- Kriterium 67
- Stufe 26, 30, 43, 64
Konfigurierbarkeit 100
Konkrete Designbildung 12
Konstruktionsprinzip 16, 19, 20, 21, 22, 36, 54, 55, 76
Kopfmonopol 25
Kosten

- Management 17, 85
- Prinzip 22
- Quote 50, 51, 53, 85
- Senkung 11, 74
  - Betrieb 74
  - Potenzial 74
  - Programm 16
- Struktur 84

Kriterium der Arbeitsverteilung 87
Kunden
- Bindung 34
- Dienststelle 88
- Kontakt 62
- Orientierung 46

Kundenservice-Einheit 74
Kunden- und
- Dienstleistungsorientierung 17
- Vermittler-Servicestelle 18

Kundenzufriedenheit 90

Leistung
- Anreiz 90
- Bearbeitung 65
- Management 89
- Quote 50, 53, 76

Management 84
- Exzellenz 17

Marketing 19
Massen
- Fertigung 35
- Geschäftsvorfall 42

Mengengerüste 68
Methodik 31
Mindestanforderung 88
Mitarbeiterzufriedenheit 46
Mittelkomplexe Vorgänge 25
Mittlere Komplexität 26
Moderator 37, 54
Motivation 24

Netzplan 44
Neugeschäftsboom 49

Neugeschäft
Entwicklung 46
- Orientierung 46
- Quote 35, 76

Niedrige Komplexität 27
Normstrategie 32

OCR/ICR Erkennung 44
Organisation 66
- Form 41

Organisatorischer Entwurf 12
Outsourcing 17

Personal 25
- Aufwand 46
- Entwicklung und -organisation 19
- Kapazität 71
- Kosten 71
- Struktur 46

Plattformunabhängigkeit 100
Portierbarkeit 100
Preis 33
Pricing 50
Produktivität
- Fortschritte 84
- Statistik/Durchlaufstatistik 94
- Steigerung 11

Profitabilität 50
Projekt
- Arbeit 54
- Leiter 54

Protokollierung 99
Prozess- und
  Organisationsoptimierung 17
Prüfaufwand 34

Qualifikation 24, 61, 67 73
- Niveau 44
- Profil 43

Qualifizierung 24
Qualität 84
- Kontrolle 45

- Management 84
- Orientierung 17, 75
- Problem 74
- Standard 84
- Steigerung 24
- Versicherer 74

Rahmenbedingung 22, 36, 50
Regeln der Arbeitsverteilung 13
Regelwerk 89
- der Allokation 13
- für die Arbeitsverteilung 13

Regulierungspraxis 34
Reklamationsquote 46, 85
Rekrutierung 89
Risikoprüfung 53
Rückstandsstatistik 94

SAP 19
Schaden
- Aufwand 46, 69, 71
- Bearbeitungskosten 69
- Datenanalyse 72
- Exzellenz 69
- Fabrik 73
- Fall 34
- Kosten 69
- Leistungsquote 76
- Quote 34, 46, 76, 85
- Service Center 74
- Zahlung 34, 70

Schätzungen 45
Schwellenwert 41
Segmentierung der Schäden 71
Selbstbeteiligung 72
Service 33
- Level Agreements 90
- Qualität 46

Sicherheit 46
Six Sigma 84
- Kultur 17

Skala 19, 20, 22
Skalierungsmarker 19

Sparten
- Aufteilung 88
- Autonomie 33
- Trennung 77

Spezialisierung 24
Spezialistenbearbeitung 43, 72
Standardisierung 17, 25, 84
- Potenzial 27

Standort 41
Stärken-/Schwächenanalyse 12, 45, 46
Stärken-/Schwächenbewertung 80
Startallokation 61
Steuerung 85
- Fähigkeit 46

Störanfälligkeit 46
Stornoquote, Kündigungsquote 46
Strategie 32, 35
- Bildung 12
- Portfolio 32, 51

1/1 Strategie Portfolio 32, 33
Stückzahl 61
- Vorgaben 62

Studienmodelle zur
 Allokationsbildung 12
Stufenplan 44
Synergieeffekt 53
Szenarium 45

Tarifwelt 79
Team
- Leistung 67
- Stärke 42
- Struktur 53

Teilnehmerkreis 37
Telefonische Fallabschlussquote 46, 85
Telefonkontakt 78
Termin- und Ereignisverwaltung 99
Trainingsmaßnahmen 43
Transaktionskonzept 99

Überqualifikation 73
Über-/Unterforderung 24
Überzahlung 34, 71, 72

Umsetzung
- Aufwand 46
- Dauer 46
- Projekt 32

Unternehmensführung 10

Vereinfachung 84

Versicherung
- Betriebsfabrik 90
- Fabrik 12, 84, 90
- Produkt 11
- Unternehmen 49

Verteilkriterien 44

Verteilung
- Logik 61
- Modell. 39
- Regel 12, 13, 38, 60
- Tabelle 65

Vertriebskosten 50

Vorschäden 72

Wartezeit Call Center 46, 85

Weiterbildung 89

Weiterleitung 43, 78

Weiterschaltung 78

Wertschöpfung 20
- Kette 84
- Tiefe 20, 21

Wettbewerbsfähigkeit 34

Wissen 25

Wissensmanagement 89

Workflow Management 59, 96
- Coalition WfMC 100
- System 90, 92, 93

Workflow-Manager 100

Workflow System 86, 89

Workflow-/Vorgangssteuerung 97

Workshop 36, 54

Zentralfunktion 18

Zentralisierung 74
- Bestrebung 74

Zielmodell 53

Zugangs- und Abgangsstatistik 94

Zuteilung
- Logik 38
- Verfahren 22

If you have any concerns about our products,
you can contact us on
ProductSafety@springernature.com

In case Publisher is established outside the EU,
the EU authorized representative is:
Springer Nature Customer Service Center GmbH
Europaplatz 3, 69115 Heidelberg, Germany

Printed by Libri Plureos GmbH
in Hamburg, Germany

MIX
Papier aus verantwortungsvollen Quellen
Paper from responsible sources
FSC® C105338
www.fsc.org